U0491605

中外哲學典籍大全

總主編 李鐵映 王偉光

中國哲學典籍卷

經部易類

易説

〔清〕惠士奇 著

陳峴 點校

中國社會科學出版社

圖書在版編目（CIP）數據

易説／（清）惠士奇著；陳峴點校．—北京：中國社會科學出版社，2021.1（2023.11 重印）
（中外哲學典籍大全．中國哲學典籍卷）
ISBN 978-7-5203-7318-0

Ⅰ.①易…　Ⅱ.①惠…②陳…　Ⅲ.①《周易》—研究
Ⅳ.①B221.5

中國版本圖書館 CIP 數據核字（2020）第 186788 號

出 版 人　趙劍英
項目統籌　王　茵
責任編輯　孫　萍　李凱凱
責任校對　趙　威
責任印製　王　超

出　　版　中國社會科學出版社
社　　址　北京鼓樓西大街甲 158 號
郵　　編　100720
網　　址　http://www.csspw.cn
發 行 部　010-84083685
門 市 部　010-84029450
經　　銷　新華書店及其他書店

印刷裝訂　北京盛通印刷股份有限公司
版　　次　2021 年 1 月第 1 版
印　　次　2023 年 11 月第 2 次印刷

開　　本　710×1000　1/16
印　　張　14.75
字　　數　155 千字
定　　價　55.00 元

凡購買中國社會科學出版社圖書，如有質量問題請與本社營銷中心聯繫調换
電話：010-84083683

中外哲學典籍大全

「中國哲學典籍卷」

學術委員會

主　任　陳　來　趙汀陽　謝地坤　李存山　王　博

委　員（按姓氏拼音排序）

白　奚　陳壁生　陳　静　陳立勝　陳少明　陳衛平　陳　霞　丁四新　馮顔利

干春松　郭齊勇　郭曉東　景海峰　李景林　李四龍　劉成有　劉　豐　王中江

王立勝　吴　飛　吴根友　吴　震　向世陵　楊國榮　楊立華　張學智　張志强

鄭　開

項目負責人　張志强

提要撰稿主持人　劉　豐　趙金剛

提要英譯主持人　陳　霞

總　序

中外哲學典籍大全的編纂，是一項既有時代價值又有歷史意義的重大工程。

中華民族經過了近一百八十年的艱苦奮鬥，迎來了中國近代以來最好的發展時期，迎來了奮力實現中華民族偉大復興的時期。中華民族祇有總結古今中外的一切思想成就，才能並肩世界歷史發展的大勢。爲此，我們須編纂一部匯集中外古今哲學典籍的經典集成，爲中華民族的偉大復興、爲人類命運共同體的建設、爲人類社會的進步，提供哲學思想的精粹。

哲學是思想的花朵，文明的靈魂，精神的王冠。一個國家、民族，要興旺發達，擁有光明的未來，就必須擁有精深的理論思維，擁有自己的哲學。哲學是推動社會變革和發展的理論力量，是激發人的精神砥石。哲學解放思維，净化心靈，照亮前行的道路。偉大的時代需要精邃的哲學。

一　哲學是智慧之學

哲學是什麽？這既是一個古老的問題，又是哲學永恒的話題。追問哲學是什麽，本身就是「哲學」問題。從哲學成爲思維的那一天起，哲學家們就在不停追問中發展、豐富哲學的篇章，給出一個又一個答案。每個時代的哲學家對這個問題都有自己的詮釋。哲學是什麽，是懸疑在人類智慧面前的永恒之問，這正是哲學之爲哲學的基本特點。

哲學是全部世界的觀念形態，精神本質。人類面臨的共同問題，是哲學研究的根本對象。本體論、認識論、世界觀、人生觀、價值觀、實踐論、方法論等，仍是哲學的基本問題和生命力所在！哲學研究的是世界萬物的根本性、本質性問題。人們可以給哲學做出許多具體定義，但我們可以嘗試用「遮詮」的方式描述哲學的一些特點，從而使人們加深對何爲哲學的認識。

哲學不是玄虛之觀。哲學來自人類實踐，關乎人生。哲學對現實存在的一切追根究底、「打破砂鍋問到底」。它不僅是問「是什麽」(being)，而且主要是追問「爲什麽」（why），特別是追問「爲什麽的爲什麽」。它關注整個宇宙，關注整個人類的命運，關注人生。它關心柴米油鹽醬醋茶和人的生命的關係，關心人工智能對人類社會的挑戰。哲學是對一切實踐經驗的理論升華，它關心具體現象背後的根據，關心人類如何會更好。

哲學是在根本層面上追問自然、社會和人本身，以徹底的態度反思已有的觀念和認識，從價值理想出發把握生活的目標和歷史的趨勢，展示了人類理性思維的高度，凝結了民族進步的智慧，寄託了人們熱愛光明、追求真善美的情懷。道不遠人，人能弘道。哲學是把握世界、洞悉未來的學問，是思想解放、自由的大門！

古希臘的哲學家們被稱爲「望天者」，亞里士多德在形而上學一书中說，「最初人們通過好奇—驚讚來做哲學」。如果說知識源於好奇的話，那麽產生哲學的好奇心，必須是大好奇心。這種「大好奇心」祇爲一件「大事因緣」而來，所謂大事，就是天地之間一切事物的「爲什麽」。哲學精神，是「家事、國事、天下事，事事要問」，是一種永遠追問的精神。

哲學不衹是思維。哲學將思維本身作爲自己的研究對象，對思想本身進行反思。哲學不是一般的知識體系，而是把知識概念作爲研究的對象，追問「什麽才是知識的真正來源和根據」。哲學的「非對象性」的思想方式，不是「純形式」的推論原則，而有其「非對象性」之對象。哲學之對象乃是不斷追求真理，是一個理論與實踐兼而有之的過程，是認識的精粹。哲學追求真理的過程本身就顯現了哲學的本質。天地之浩瀚，變化之奥妙，正是哲思的玄妙之處。

哲學不是宣示絶對性的教義教條，哲學反對一切形式的絶對。哲學解放束縛，意味著從一切思想教條中解放人類自身。哲學給了我們徹底反思過去的思想自由，給了我們深刻洞察未來的思想能力。哲學就是解放之學，是聖火和利劍。

哲學不是一般的知識。哲學追求「大智慧」。佛教講「轉識成智」，識與智相當於知識與哲學的關係。一般知識是依據於具體認識對象而來的、有所依有所待的「識」，而哲學則是超越於具體對象之上的「智」。

公元前六世紀，中國的老子説，「大方無隅，大器晚成，大音希聲，大象無形，道隱無名。夫唯道，善貸且成」。又説，「反者道之動，弱者道之用。天下萬物生於有，有生於無」。對道的追求就是對有之爲有、無形無名的探究，就是對天地何以如此的探究。這種追求，使得哲學具有了天地之大用，具有了超越有形有名之有限經驗的大智慧。這種大智慧、大用途，超越一切限制的籬笆，達到趨向無限的解放能力。

哲學不是經驗科學，但又與經驗有聯繫。哲學從其作爲學問誕生起，就包含於科學形態之中，是以科學形態出現的。哲學是以理性的方式、概念的方式、論证的方式來思考宇宙人生的根本問題。在亞里士多德那裏，凡是研究實體（ousia）的學問，都叫作「哲學」。而「第一實體」則是存在者中的「第一個」。研究第一實體的學問稱爲「神學」，也就是「形而上學」，這正是後世所謂「哲學」。一般意義上的科學正是從「哲學」最初的意義上贏得自己最原初的規定性的。哲學雖然不是經驗科學，却爲科學劃定了意義的範圍、指明了方向。哲學最後必定指向宇宙人生的根本問題，大科學家的工作在深層意義上總是具有哲學的意味，牛頓和愛因斯坦就是這樣的典範。

哲學不是自然科學，也不是文學藝術，但在自然科學的前頭，哲學的道路展現了；在文學藝術的山頂，哲學的天梯出現了。哲學不斷地激發人的探索和創造精神，使人在認識世界的過程中，不斷達到新境界，在改造世界中從必然王國到達自由王國。

哲學不斷從最根本的問題再次出發。哲學史在一定意義上就是不斷重構新的世界觀、認識人類自身的歷史。哲學的歷史呈現，正是對哲學的創造本性的最好説明。哲學史上每一位哲學家對根本問題的思考，都在爲哲學添加新思維、新向度，猶如爲天籟山上不斷增添一隻隻黄鸝翠鳥。

如果説哲學是哲學史的連續展現中所具有的統一性特徵，那麼這種「一」是在「多」個哲學的創造中實現的。如果説每一種哲學體系都追求一種體系性的「一」的話，那麼每種「一」的體系之間都存在着千絲相聯、多方組合的關係。這正是哲學史昭示於我們的哲學多樣性的意義。多樣性與統一性的依存關係，正是哲學尋求現象與本質、具體與普遍相統一的辯證之意義。

哲學的追求是人類精神的自然趨向，是精神自由的花朵。哲學是思想的自由，是自由的思想。

中國哲學，是中華民族五千年文明傳統中，最爲内在的、最爲深刻的、最爲持久的精神追求和價值觀表達。中國哲學已經化爲中國人的思維方式、生活態度、道德準則、人生追求、精神境界。中國人的科學技術、倫理道德，小家大國、中醫藥學、詩歌文學、繪畫書法、武術拳法、鄉規民俗，乃至日常生活也都浸潤着中國哲學的精神。華夏文化雖歷經磨難而能够透魄醒神，堅韌屹立，正是來自於中國哲學深邃的思維和創造力。

先秦時代，老子、孔子、莊子、孫子、韓非子等諸子之間的百家争鳴，就是哲學精神在中國的展現，是中國人思想解放的第一次大爆發。兩漢四百多年的思想和制度，是諸子百家思想在争鳴過程中大整合的結果。魏晋之際，玄學的發生，則是儒道冲破各自藩籬，彼此互動互補的結果，形成了儒家獨尊的態勢。隋唐三百年，佛教深入中國文化，又一次帶來了思想的大融合和大解放，禪宗的形成就是這一融合和解放的結果。兩宋三百多年，中國哲學迎來了第三次大解放。儒釋道三教之間的互潤互持日趨深入，朱熹的理學和陸象山的心學，就是這一思想潮流的哲學結晶。

與古希臘哲學强調沉思和理論建構不同，中國哲學的旨趣在於實踐人文關懷，它更關注實踐的義理性意義。中國哲學當中，知與行從未分離，中國哲學有着深厚的實踐觀點和生活觀點，倫理道德觀是中國人的貢獻。馬克思説，「全部社會生活在本質上是實踐的」，實踐的觀點、生活的觀點也正是馬克思主義認識論的基本觀點。這種哲學上的契合性，正是馬克思主義能够在中國扎根並不斷中國化的哲學原因。

「實事求是」是中國的一句古話。今天已成爲深遂的哲理，成爲中國人的思維方式和行爲基準。實事求是就是解放思想，解放思想就是實事求是。實事求是毛澤東思想的精髓，是改革開放的基石。只有解放思想才能實事求是。實事求是就是中國人始終堅持的哲學思想。實事求是就是依靠自己，走自己的道路，反對一切絶對觀念。所謂中國化就是一切從中國實際出發，一切理論必須符合中國實際。

二　哲學的多樣性

實踐是人的存在形式，是哲學之母。實踐是思維的動力、源泉、價值、標準。人們認識世界、探索規律的根本目的是改造世界，完善自己。哲學問題的提出和回答，都離不開實踐。馬克思有句名言：「哲學家們只是用不同的方式解釋世界，而問題在於改變世界！」理論只有成爲人的精神智慧，才能成爲改變世界的力量。

哲學關心人類命運。時代的哲學，必定關心時代的命運。對時代命運的關心就是對人類實踐和命運的關心。人在實踐中產生的一切都具有現實性。哲學的實踐性必定帶來哲學的現實性。哲學的現實性就是强調人在不斷回答實踐中各種問題時應該具有的態度。

哲學作爲一門科學是現實的。哲學是一門回答並解釋現實的學問，哲學是人們聯繫實際、面對現實的思想。可以說哲學是現實的最本質的理論，也是本質的最現實的理論。哲學始終追問現實的發展和變化。哲學存在於實踐中，也必定在現實中發展。哲學的現實性要求我們直面實踐本身。

哲學不是簡單跟在實踐後面，成爲當下實踐的「奴僕」，而是以特有的深邃方式，關注着實踐的發展，提升人的實踐水平，爲社會實踐提供理論支撑。從直接的、急功近利的要求出發來理解和從事哲學，無異於向哲學提出它本身不可能完成的任務。哲學是深沉的反思，厚重的智慧，事物的抽象，理論的把握。哲學是人類把握世界最深邃的理論思維。

哲學是立足人的學問，是人用於理解世界、把握世界、改造世界的智慧之學。「民之所好，好之，民之所惠，惠之。」哲學的目的是爲了人。用哲學理解外在的世界，理解人本身，也是爲了用哲學改造世界、改造人。哲學研究無禁區，無終無界，與宇宙同在，與人類同在。

存在是多樣的，發展是多樣的，這是客觀世界的必然。宇宙萬物本身是多樣的存在，多樣的變化。歷史表明，每一民族的文化都有其獨特的價值。文化的多樣性是自然律，是動力，是生命力。各民族文化之間的相互借鑒，補充浸染，共同推動著人類社會的發展和繁榮，這是規律。對象的多樣性、複雜性，决定了哲學的多樣性；即使對同一事物，人們也會産生不同的哲學認識，形成不同的哲學派别。哲學觀點、思潮、流派及其表現形式上的區别，來自於哲學的時代性、地域性和民族性的差异。世界哲學是不同民族的哲學的薈萃，如中國哲學、西方哲學、阿拉伯哲學等。多樣性構成了世界，百花齊放形成了花園。不同的民族會有不同風格的哲學。恰恰是哲學的民族性，使不同的哲學都可以在世界舞臺上演繹出各種「戲劇」。即使有類似的哲學觀點，在實踐中的表達和運用也會各有特色。

人類的實踐是多方面的，具有多樣性、發展性，大體可以分爲：改造自然界的實踐，改造人類社會的實踐，完善人本身的實踐，提升人的精神世界的精神活動。人是實踐中的人，實踐是人的生命的第一屬性。實踐的社會性决定了哲學的社會性，哲學不是脱離社會現實生活的某種遐想，而是社會現實生活的觀念形態，是文明進步的重要標誌，是人的發展水平的重要維度。哲學的發展狀況，反映着一個社會人的理性成熟程度，反映著這個社會的文明程度。

哲學史實質上是自然史、社會史、人的發展史和人類思維史的總結和概括。自然界是多樣的，社會是多樣的，人類思維是多樣的。所謂哲學的多樣性，就是哲學基本觀念、理論學説、方法的異同，是哲學思維方式上的多姿多彩。哲學的多樣性是哲學的常態，是哲學進步、發展和繁榮的標誌。哲學是人的哲學，哲學是人對事物的自覺，是人對外界和自我認識的學問，也是人把握世界和自我的學問。哲學的多樣性，是哲學的常態和必然，是哲學發展和繁榮的内在動力。一般是普遍性，特色也是普遍性。從單一性到多樣性，從簡單性到複雜性，是哲學思維的一大變革。用一種哲學話語和方法否定另一種哲學話語和方法，這本身就不是哲學的態度。

多樣性並不否定共同性、統一性、普遍性。物質和精神，存在和意識，一切事物都是在運動、變化中的，是哲學的基本問題，也是我們的基本哲學觀點！

當今的世界如此紛繁複雜，哲學多樣性就是世界多樣性的反映。哲學是以觀念形態表現出的現實世界。哲學的多樣性，就是文明多樣性和人類歷史發展多樣性的表達。多樣性是宇宙之道。

哲學的實踐性、多樣性，還體現在哲學的時代性上。哲學總是特定時代精神的精華，是一定歷史條件下人的反思活動的理論形態。在不同的時代，哲學具有不同的内容和形式，哲學的多樣性，也是歷史時代多樣性的表達。哲學的多樣性也會讓我們能够更科學地理解不同歷史時代，更爲内在地理解歷史發展的道理。多樣性是歷史之道。

哲學之所以能發揮解放思想的作用，在於它始終關注實踐，關注現實的發展；在於它始終關注著科學技術的進步。哲學本身没有絶對空間，没有自在的世界，只能是客觀世界的映象，觀念形態。没有了現實性，哲學就遠離人，就離開了存在。哲學的實踐性，説到底是在説明哲學本質上是人的哲學，是人的思維，是爲了人的科學！哲學的實踐性、多樣性告訴我們，哲學必須百花齊放、百家争鳴。哲學的發展首先要解放自己，解放哲學，就是實現思維、觀念及範式的變革。人類發展也必須多塗並進，交流互鑒，共同繁榮。采百花之粉，才能釀天下之蜜。

三　哲學與當代中國

中國自古以來就有思辨的傳統，中國思想史上的百家争鳴就是哲學繁榮的史象。哲學是歷史發展的號角。中國思想文化的每一次大躍升，都是哲學解放的結果。中國古代賢哲的思想傳承至今，他們的智慧已浸入中國人的精神境界和生命情懷。

中國共産黨人歷來重視哲學，毛澤東在一九三八年，在抗日戰争最困難的條件下，在延安研究哲學，創作了實踐論和矛盾論，推動了中國革命的思想解放，成爲中國人民的精神力量。

中華民族的偉大復興必將迎來中國哲學的新發展。當代中國必須有自己的哲學，當代中國的哲學必須要從根本上講清楚中國道路的哲學道理。中華民族的偉大復興必須要有哲學的思維，必須要有不斷深入的反思。發展的道路，就是哲思的道路，文化的自信，就是哲學思維的自信。哲學是引領者，可謂永恒的「北斗」，哲學是時代的「火焰」，是時代最精緻最深刻的「光芒」。從社會變革的意義上説，任何一次巨大的社會變革，總是以理論思維爲先導。理論的變革，總是以思想觀念的空前解放爲前提，而「吹響」人類思想解放第一聲「號角」的，往往就是代表時代精神精華的哲學。社會實踐對於哲學的需求可謂「迫不及待」，因爲哲學總是「吹響」這個新時代的「號角」。「吹響」中國改革開放之

「號角」的，正是「解放思想」「實踐是檢驗真理的唯一標準」「不改革死路一條」等哲學觀念。「吹響」新時代「號角」的是「中國夢」，「人民對美好生活的向往，就是我們奮鬥的目標」。發展是人類社會永恒的動力，變革是社會解放的永遠的課題，思想解放，解放思想是無盡的哲思。中國正走在理論和實踐的雙重探索之路上，搞探索没有哲學不成！

中國哲學的新發展，必須反映中國與世界最新的實踐成果，必須反映科學的最新成果，必須具有走向未來的思想力量。今天的中國人所面臨的歷史時代，是史無前例的。十三億人齊步邁向現代化，這是怎樣的一幅歷史畫卷！是何等壯麗、令人震撼！不僅中國歷史上亘古未有，在世界歷史上也從未有過。當今中國需要的哲學，是結合天道、地理、人德的哲學，是整合古今中西的哲學，只有這樣的哲學才是中華民族偉大復興的哲學。

當今中國需要的哲學，必須是適合中國的哲學。無論古今中外，再好的東西，也需要再吸收，再消化，必須要經過現代化和中國化，才能成爲今天中國自己的哲學。哲學是解放人的，哲學自身的發展也是一次思想解放，也是人的一个思維升華、羽化的過程。中國人的思想解放，總是隨著歷史不斷進行的。歷史有多長，思想解放的道路就有多長；發展進步是永恒的，思想解放也是永無止境的，思想解放就是哲學的解放。

習近平說，思想工作就是「引導人們更加全面客觀地認識當代中國、看待外部世界」。這就需要我們確立一種「知己知彼」的知識態度和理論立場，而哲學則是對文明價值核心最精練和最集中的深邃性表達，有助於我們認識中國、認識世界。立足中國、認識中國，需要我們審視我們走過的道路，立足中國、認識世界，需要我們觀察和借鑒世界歷史上的不同文化。中國「獨特的文化傳統」、中國「獨特的歷史命運」、中國「獨特的基本國情」，「決定了我們必然要走適合自己特點的發展道路」。一切現實的，存在的社會制度，其形態都是具體的，都是特色的，都必須是符合本國實際的。抽象的制度，普世的制度是不存在的。同時，我們要全面客觀地「看待外部世界」。研究古今中外的哲學，是中國認識世界、認識人類史，認識自己未來發展的必修課。今天中國的發展不僅要讀中國書，還要讀世界書。不僅要學習自然科學、社會科學的經典，更要學習哲學的經典。當前，中國正走在實現「中國夢」的「長征」路上，這也正是一條思想不斷解放的道路！要回答中國的問題，解釋中國的發展，首先需要哲學思維本身的解放。哲學的發展，就是哲學的解放，這是由哲學的實踐性、時代性所決定的。哲學無禁區、無疆界。哲學是關乎宇宙之精神，是關乎人類之思想。哲學將與宇宙、人類同在。

四　哲學典籍

中外哲學典籍大全的編纂，是要讓中國人能研究中外哲學經典，吸收人類精神思想的精華；是要提升我們的思維，讓中國人的思想更加理性、更加科學、更加智慧。

中國有盛世修典的傳統。中國古代有多部典籍類書（如「永樂大典」「四庫全書」等），在新時代編纂中外哲學典籍大全，是我們的歷史使命，是民族復興的重大思想工程。

只有學習和借鑒人類精神思想的成就，才能實現我們自己的發展，走向未來。中外哲學典籍大全的編纂，就是在思維層面上，在智慧境界中，繼承自己的精神文明，學習世界優秀文化。這是我們的必修課。

不同文化之間的交流、合作和友誼，必須達到哲學層面上的相互認同和借鑒。哲學之間的對話和傾聽，才是從心到心的交流。中外哲學典籍大全的編纂，就是在搭建心心相通的橋樑。

我們編纂這套哲學典籍大全，一是中國哲學，整理中國歷史上的思想典籍，濃縮中國思想史上的精華；二是外國哲學，主要是西方哲學，吸收外來，借鑒人類發展的優秀哲學成果；三是馬克思主義哲學，展示馬克思主義哲學中國化的成就；四是中國近現代以來的哲學成果，特別是馬克思主義在中國的發展。

編纂這部典籍大全，是哲學界早有的心願，也是哲學界的一份奉獻。中外哲學典籍大全總結的是書本上的思想，是先哲們的思維，是前人的足迹。我們希望把它們奉獻給後來人，使他們能够站在前人肩膀上，站在歷史岸邊看待自己。

中外哲學典籍大全的編纂，是以「知以藏往」的方式實現「神以知來」；中外哲學典籍大全的編纂，是通過對中外哲學歷史的「原始反終」，從人類共同面臨的根本大問題出發，在哲學生生不息的道路上，綵繪出人類文明進步的盛德大業！

發展的中國，既是一個政治、經濟大國，也是一個文化大國，也必將是一個哲學大國、思想王國。人類的精神文明成果是不分國界的，哲學的邊界是實踐，實踐的永恒性是哲學的永續綫性，打開胸懷擁抱人類文明成就，是一個民族和國家自强自立，始終佇立於人類文明潮頭的根本條件。

擁抱世界，擁抱未來，走向復興，構建中國人的世界觀、人生觀、價值觀、方法論，這是中國人的視野、情懷，也是中國哲學家的願望！

李鐵映

二〇一八年八月

「中國哲學典籍卷」

序

中國古無「哲學」之名，但如近代的王國維所說，「哲學爲中國固有之學」。「哲學」的譯名出自日本啓蒙學者西周，他在一八七四年出版的百一新論中說：「將論明天道人道，兼立教法的philosophy譯名爲哲學。」自「哲學」譯名的成立，「philosophy」或「哲學」就已有了東西方文化交融互鑒的性質。

「philosophy」在古希臘文化中的本義是「愛智」，而「哲學」的「哲」在中國古經書中的字義就是「智」或「大智」。孔子在臨終時慨嘆而歌：「泰山壞乎！梁柱摧乎！哲人萎乎！」（史記孔子世家）「哲人」在中國古經書中釋爲「賢智之人」，而在「哲學」譯名輸入中國後即可稱爲「哲學家」。

哲學是智慧之學，是關於宇宙和人生之根本問題的學問。對此，中西或中外哲學是共同的，因而哲學具有世界人類文化的普遍性。但是，正如世界各民族文化既有世界的普遍性，也有民族的特殊性，所以世界各民族哲學也具有不同的風格和特色。如果說「哲學」是個「共名」或「類稱」，那麽世界各民族哲學就是此類中不同的「特例」。這是哲學的普遍性與多樣性的統一。

在中國哲學中，關於宇宙的根本道理稱爲「天道」，關於人生的根本道理稱爲「人道」，中國哲學的一個貫穿始終的核心問題就是「究天人之際」。一般說來，天人關係問題是中外哲學普遍探索的問題，而中國哲學的「究天人之際」具有自身的特點。

亞里士多德曾說：「古今來人們開始哲學探索，都應起於對自然萬物的驚異……這類學術研究的開始，都在人生的必需品以及使人快樂安適的種種事物幾乎全都獲得了以後。」「這些知識最先出現於人們開始有閒暇的地方。」這是說的古希臘哲學的一個特點，是與當時古希臘的社會歷史發展階段及其貴族階層的生活方式相聯繫的。與此不同，中國哲學是產生於士人在社會大變動中的憂患意識，爲了求得社會的治理和人生的安頓，他們大多「席不暇暖」地周遊列國，宣傳自己的社會主張。這就決定了中國哲學在「究天人之際」

中首重「知人」，在先秦「百家争鳴」中的各主要流派都是「務爲治者也，直所從言之異路，有省不省耳」（史記太史公自序）。

中國哲學與其他民族哲學所不同者，還在於中國數千年文化一直生生不息而未嘗中斷，中國文化在世界歷史的「軸心時期」所實現的哲學突破也是采取了極温和的方式。這主要表現在孔子的「祖述堯舜，憲章文武」，删述六經，對中國上古的文化既有連續性的繼承，又經編纂和詮釋而有哲學思想的突破。因此，由孔子及其後學所編纂和詮釋的上古經書就以「先王之政典」的形式不僅保存下來，而且在此後中國文化的發展中居於統率的地位。

據近期出土的文獻資料，先秦儒家在戰國時期已有對「六經」的排列，「六經」作爲一個著作群受到儒家的高度重視。至漢武帝「罷黜百家，表章六經」，遂使「六經」以及儒家的經學確立了由國家意識形態認可的統率地位。漢書藝文志著録圖書，爲首的是「六藝略」，其次是「諸子略」「詩賦略」「兵書略」「數術略」和「方技略」，這就體現了以「六經」統率諸子學和其他學術。這種圖書分類經幾次調整，到了隋書經籍志乃正式形成「經、史、子、集」的四部分類，此後保持穩定而延續至清。

中國傳統文化有「四部」的圖書分類，也有對「義理之學」「考據之學」「辭章之學」和「經世之學」等的劃分，其中「義理之學」雖然近於「哲學」但並不等同。中國傳統文化没有形成「哲學」以及近現代教育學科體制的分科，但是中國傳統文化確實固有其深邃的哲學思想，它表達了中華民族的世界觀、人生觀，體現了中華民族的思維方式、行爲準則，凝聚了中華民族最深沉、最持久的價值追求。

清代學者戴震說：「天人之道，經之大訓萃焉。」（原善卷上）經書和經學中講「天人之道」的「大訓」，就是中國傳統的哲學；不僅如此，在圖書分類的「子、史、集」中也有講「天人之道」的「大訓」，這些也是中國傳統的哲學。「究天人之際」的哲學主題是在中國文化上下幾千年的發展中，伴隨著歷史的進程而不斷深化、轉陳出新、持續探索的。

中國哲學首重「知人」，在天人關係中是以「知人」爲中心，以「安民」或「爲治」爲宗旨的。在記載中國上古文化的尚書臯陶謨中，就有了「知人則哲，能官人；安民則惠，黎民懷之」的表述。在論語中，「樊遲問仁，子曰：『愛人。』問知（智），子曰：『知人。』」（論語顔淵）「仁者愛人」是孔子思想中的最高道德範疇，其源頭可上溯到中國文化自上古以來就形成的崇尚道德的優秀傳統。孔子説：「未能事人，焉能事鬼？」「未知生，焉知死？」（論語先進）「務民之義，敬鬼神而遠之，可謂知矣。」（論語雍也）「智者知人」，在孔子的思想中雖然保留了對「天」和鬼神的敬畏，但他的主要關注點是現世的人生，是「仁者愛人」「天下有道」的價值取向，由此確立了中國哲學以「知人」爲中心的思想範式。西方現代哲學家雅斯貝爾斯在大哲學家一書中把蘇格拉底、佛陀、孔子和耶穌作爲「思想範式的創造者」，而孔子思想的特點就是「要在世間建立一種人道的秩序」，「在現世的可能性之中」，孔子「希望建立一個新世界」。

中國上古時期把「天」或「上帝」作爲最高的信仰對象，這種信仰也有其宗教的特殊性。如梁啓超所説：「各國之尊天者，常崇之於萬有之外，而中國則常納之於人事之中，此吾中華所特長也。……其尊天也，目的不在天國而在世界，受用不在未來（來世）而在現在（現世）。是故人倫亦稱天倫，人道亦稱天道。記曰：『善言天者必有驗於人。』此所以雖近於宗教，而與他國之宗教自殊科也。」由於中國上古文化所信仰的「天」不是存在於與人世生活相隔絶的「彼岸世界」，而是與地相聯繫（中庸所謂「郊社之禮，所以事上帝也」，朱熹中庸章句注：「郊，祀天；社，祭地。不言后土者，省文也。」），具有道德的、以民爲本的特點（尚書所謂「皇天無親，惟德是輔」，「天視自我民視，天聽自我民聽」，「民之所欲，天必從之」），所以這種特殊的宗教性也長期地影響著中國哲學對天人關係的認識。相傳「人更三聖，世經三古」的易經，其本爲卜筮之書，但經孔子「觀其德義而已」之後，則成爲講天人關係的哲理之書。四庫全书總目易類序說：「聖人覺世牖民，大抵因事以寓教……易則寓於卜筮。故易之爲書，推天道以明人事者也。」不僅易經是如此，而且以後中國哲學的普遍架構就是「推天道以明人事」。

春秋末期，與孔子同時而比他年長的老子，原創性地提出了「有物混成，先天地生」（老子二十五章），天地並非固有的，在天地產生之前有「道」存在，「道」是產生天地萬物的總根源和總根據。「道」內在於天地萬物之中就是「德」，「孔德之容，惟道是從」（老子二十一章），「道」與「德」是統一的。老子說：「道生之，德畜之，物形之，勢成之。是以萬物莫不尊道而貴德。道之尊，德之貴，夫莫之命而常自然。」（老子五十一章）老子的價值主張是「自然無爲」，而「自然無爲」的天道根據就是「道生之，德畜之……是以萬物莫不尊道而貴德」。老子所講的「德」實即相當於「性」，孔子所罕言的「性與天道」，在老子哲學中就是講「道」與「德」的形而上學。實際上，老子哲學確立了中國哲學「性與天道合一」的思想，而他從「道」與「德」推出「自然無爲」的價值主張，這就成爲以後中國哲學「推天道以明人事」普遍架構的一個典範。雅斯貝爾斯在大哲學家一書中把老子列入「原創性形而上學家」，他說：「從世界歷史來看，老子的偉大是同中國的精神結合在一起的。」他評價孔、老關係時說：「雖然兩位大師放眼於相反的方向，但他們實際上立足於同一基礎之上。兩者間的統一在中國的偉大人物身上則一再得到體現……」這裏所謂「中國的精神」「立足於同一基礎之上」，就是說孔子和老子的哲學都是爲了解決現實生活中的問題，都是「務爲治者也」。

在老子哲學之後，中庸說：「天命之謂性」，「思知人，不可以不知天」。孟子說：「盡其心者知其性也，知其性則知天矣。」（孟子盡心上）此後的中國哲學家雖然對天道和人性有不同的認識，但大抵都是講人性源於天道，知天是爲了知人。一直到宋明理學家講「天者理也」，「性即理也」，「性與天道合一存乎誠」。作爲宋明理學之開山著作的周敦頤太極圖說，是從「無極而太極」講起，至「形既生矣，神發知矣，五性感動而善惡分，萬事出矣」，這就是從天道講到人事，而其歸結爲「聖人定之以中正仁義而主静，立人極焉」，這就是從天道、人性推出人事應該如何，「立人極」就是要確立人事的價值準則。可以説，中國哲學的「推天道以明人事」最終指向的是人生的價值觀，這也就是要「爲天地立心，爲生民立命，爲往聖繼絶學，爲萬世開太平」。在作爲中國哲學主流的儒家哲學中，價值觀又是與道德修養的工夫論和道德境界相聯繫。因此，天人合一、真善合一、知行合一成爲中國哲學的主要特點。

中國哲學經歷了不同的歷史發展階段，從先秦時期的諸子百家争鳴，到漢代以後的儒家經學獨尊，而實際上是儒道互補，至魏晋玄學乃是儒道互補的一個結晶；在南北朝時期逐漸形成儒、釋、道三教鼎立，從印度傳來的佛教逐漸適應中國文化的生態環境，至隋唐時期完成中國化的過程而成爲中國文化的一個有機組成部分；宋明理學則是吸收了佛、道二教的思想因素，返而歸於「六經」，又創建了論語孟子大學中庸的「四書」體系，建構了以「理、氣、心、性」爲核心範疇的新儒學。因此，中國哲學不僅具有自身的特點，而且具有不同發展階段和不同學派思想內容的豐富性。

一八四〇年之後，中國面臨着「數千年未有之變局」，中國文化進入了近現代轉型的時期。在甲午戰敗之後的一八九五年，「哲學」的譯名出現在黃遵憲的日本國志和鄭觀應的盛世危言（十四卷本）中。此後，「哲學」以一個學科的形式，以哲學的「獨立之精神，自由之思想」推動了中華民族的思想解放和改革開放，中、外哲學會聚於中國，中、外哲學的交流互鑒使中國哲學的發展呈現出新的形態，馬克思主義哲學在與中國的歷史文化傳統、中國具體的革命和建設實踐相結合的過程中不斷中國化而產生新的理論成果。中華民族的偉大復興必將迎來中國哲學的新發展，在此之際，編纂中外哲學典籍大全，中國哲學典籍第一次與外國哲學典籍會聚於此大全中，這是中國盛世修典史上的一個首創，對於今後中國哲學的發展、對於中華民族的偉大復興具有重要的意義。

李存山

二〇一八年八月

「中國哲學典籍卷」出版前言

社會的發展需要哲學智慧的指引。在中國浩如煙海的文獻中，哲學典籍占據著重要地位，指引著中華民族在歷史的浪潮中前行。這些凝練著古聖先賢智慧的哲學典籍，在新時代仍然熠熠生輝。

收入我社「中國哲學典籍卷」的書目，是最新整理成果的首次發布，按照內容和年代分爲以下幾類：先秦子書類、兩漢魏晋隋唐哲學類、佛道教哲學類、宋元明清哲學類、近現代哲學類、經部（易類、書類、禮類、春秋類、孝經類）等，其中以經學類占多數。

本次整理皆選取各書存世的善本爲底本，制訂校勘記撰寫的基本原則以確保校勘品質。全套書采用繁體豎排加專名綫的古籍版式，嚴守古籍整理出版規範，並請相關領域專家多次審稿，整理者反復修訂完善，旨在匯集保存中國哲學典籍文獻，同時也爲古籍研究者和愛好者提供研習的文本。

文化自信是一個國家、一個民族發展中更基本、更深沉、更持久的力量。對中國哲學典籍進行整理出版，是文化創新的題中應有之義。中國社會科學出版社秉持「傳文明薪火，發時代先聲」的發展理念，歷來重視中華優秀傳統文化的研究和出版。「中國哲學典籍卷」樣稿已在二〇一八年世界哲學大會、二〇一九年北京國際書展等重要圖書會展亮相，贏得了與會學者的高度讚賞和期待。

點校者、審稿專家、編校人員等爲叢書的出版付出了大量的時間與精力，在此一並致謝。由於水準有限，書中難免有一些不當之處，敬請讀者批評指正。

趙劍英

二〇二〇年八月

本書點校説明

惠士奇（1671—1741），字天牧，一字仲孺，晚年自號半農，江蘇吴縣（今屬蘇州市）人。年二十一爲諸生，康熙四十七年（1708）取得鄉試第一，次年成進士。繼而選庶吉士，散館授編修。又於癸巳、乙未兩科會試充同考官。康熙五十九年（1720）冬奉命提督廣東學政，爲政期間，以大力提倡經學聞名。

吴縣惠氏自惠士奇祖父惠有聲起，祖孫四代均以治經學聞名，惠士奇與其父惠周惕、其子惠棟均爲清代吴派學術的代表人物。由於吴派學術以治經名世，知名度最高的惠棟也以闡發漢代鄭玄、虞翻等人的易學著稱，著有易漢學，因此，惠士奇的易學也被梁啓超等學者冠以了「漢學」名號，吴派學術也被固定在了「漢學」的範疇之下。但這種判斷更多的是站在「漢宋之爭」的思想大背景下，以惠棟作爲吴派學術代表人物而做出的結論。然而事實上，雖然惠棟的治學理路在很大程度上取法漢儒，但與其父惠士奇之間也存在很大區别。惠士奇的易説對於兩漢、魏晉、兩宋的易學均提出了大量質疑和批評，無論在治易方法還是義理闡發上，都有著鮮明的特點。

一 重「實象」、論史事

易説著重强調「易象」的闡發，但惠士奇對「象」的理解既不同於漢代學者所講的象數之「象」，也不同於魏晉、兩宋學者所喜言的義理之「象」，而認爲「六十四卦皆實象」。惠士奇認爲，漢人以天文、地理、物候、曆法等實象配合卦爻象闡發的方法本身没有問題，但他們構建出的爻辰、納甲系統則過於拘執象數。而義理派易學所注重的以抽象義理解説卦爻的方式同樣不能爲惠士奇所接受，在他看來，以純粹的抽象概念解釋周易，是憑空造出並不存在的「虚象」來混淆對「象」的理解。

惠士奇認爲，所謂「六十四卦皆實象」，並不僅僅落於卦爻象的説解，應該將卦爻辭結合歷史、政治來加以解釋，以闡發周易中所藴含的道理，如其認爲，泰卦九二爻辭「包荒，用馮河」，象徵果斷剛决，奮發改革，也就是歷史上的王安石熙寧變法之象。諸如此類，惠士奇引用尚書、左傳、史記、漢書、國語等史實以解釋卦爻之「實象」的例子，在易説中多達百餘處。

二　不拘于易例與家法，旁引讖緯、道家之説以言易「象」

惠士奇的易學與漢代象數易學之間的一大差别便在於，不刻意構建將所有的卦爻都囊括在内的統一的易學體系。惠士奇認爲，闡釋易象也不必拘泥于易例，衹要能在「實象」標準下解釋通暢即可。

惠士奇重視「實象」，實際上也表達了他對易學實際作用的重視。因而，惠士奇一方面强烈駁斥王弼、程朱形而上層面的義理詮釋，另一方面也避免陷於漢儒家法或易例中。所以，惠士奇之易學不以任何理論或派别作爲基礎，從這一點上也就否定了將之歸爲「漢學」的可能性。惠士奇打破一切家法或例的限制，是爲了能夠更加擴大其闡發易象的取象角度和範圍，雖然這一點也爲漢代象數易學家如京房和虞翻所採用，但他們所致力的是建立一個幾乎無所不包，讓萬事萬物相配合的體系。而在惠士奇的易學中，則只求能夠在某一卦象、某一爻象上闡發通達即可。也就是説，前者追求無所不包，但恰是這一點使之無不處在嚴格的限制之中，稍有疏忽，便可能因某一處没有配合到而謬以千里；後者則是打破前者的一切限定，只要得其一者即可。在實際的解説中，惠士奇不但不拘執漢儒家法與解易體例，更廣徵諸家理論以闡發易象，其中，無論是道家文獻老子、莊子、淮南子，還是讖緯文獻乾鑿度，惠士奇數十次加以引用，並在易「象」闡發中予以充分認可。

三　六經尊服鄭，百行法程朱

「六經尊服鄭，百行法程朱」爲惠士奇手書楹帖。錢穆、張舜徽認爲，這幅楹帖的内容主旨是在區分漢學、宋學的情況下，將治學和做人之道二分，前者屬漢學，後者屬宋學。而王應憲則認爲，這幅楹帖是對於宋學的極力貶低，在他看來，「百行」不屬於學術範疇，要等而下之，認爲這是一句「學術口號」，帶有明顯的「尊漢抑宋」的傾向。事實上，這些論斷都是在將惠士奇的學問定義爲「漢學」的前提下得出的，但無論從哪個角度來講，惠士奇與「漢學」之間都不是這樣一種簡單對應的關係。「六經尊服鄭，百行法程朱」，一來不能以漢宋對立的視角看待，二來也不應該以學術與生活二分的角度看。「六經尊服鄭」實際上與「訓詁之學，莫精於漢」是同一個意思，對於六經的解讀當然避不開漢儒章句訓詁之學，但正如同惠士奇對於漢儒訓詁之學和漢代象數易學所持的態度，他並不完全以服虔、鄭玄經説作爲理解經義之標準，而是在具體的學術成果和治學方法上加以肯定。

在闡發經義上，惠士奇對政治思想尤其重視。在易説中對「實象」的闡發上，惠士奇屢次表達出對孟子的理想主義政治思想的認可，以及他對歷史、政治的熱情。而這一點，則是服、鄭無法提供，而程、朱畢生所熱衷的。也就是説，將「六經尊服鄭」與「百行法程朱」以是否歸屬學術二分，其最大問題便在於，在惠士奇本身的學術思想中，兩者很大程度上便是一而二、二而一的，而長期以來因爲給惠士奇所貼的「漢學」之標籤影響太大，其政治思想與政治主張的影響在最大程度上被弱化了。但實際上，惠士奇以「實象」解周易，也旨在著力發揮周易的實際作用。

易說目前較爲通行的版本有：四庫全書本、清經解本、嘉慶十五年璜川吴氏真意堂刻本、璜川吴氏經學叢書本等。此次整理，取清經解本爲底本，文淵閣四庫全書本爲校本。分段基本依照原書，原文就分段的，相鄰段落之間空一行；原段落過長的，依照文意酌情再分段，段落之間不空行，以與原書段落區分，以清眉目。由於惠士奇在該書中廣引各類典籍，往往有與原文相異者，凡此類情況，均在注釋中列出通行本原文，予以提示，供廣大讀者參考。凡原刊中各類遺漏、錯亂、文字訛誤，均予以改正，並在注釋中説明。改異體字爲通行字，避諱字徑改，不出校。改夾注雙行小字爲單行小字。

本書的整理，始於我在復旦大學哲學學院跟隨陳居淵教授攻讀博士學位期間，彼時我對清代經學産生了興趣，在陳老師的鼓勵下開始研讀清代易學，本書的整理就是當時所做的功課。雖然我最終的博士學位論文主題爲清初圖書易學，與惠士奇的易學關聯不大，但對易說的研讀，使我逐漸開始瞭解清代易學，並對清代經學産生了很多不同於往日舊說的新想法。因此，本書對於我的讀書治學之路，也有著獨特的意義。

本書爲惠士奇易說的首次標點，由於本人學術淺陋，水準有限，雖然在整理過程中對底本、校本及原書引文均校對多次，但書中難免會出現標點及校注有誤之處，懇請廣大讀者批評指正。

陳峴

戊戌盛夏於嶽麓書院勝利齋

目録

卷一

乾彖傳曰：「大明終始，六位時成。」晉彖傳曰：「明出地上，順而麗乎大明。」離爲明，坤爲順，乾爲大明。坤麗乎乾成離，故曰：「順而麗乎大明」。大謂乾，非謂離也。乾中爻有伏坤，火外明中黑象之故。離爲火，坤色黑，故火中黑。乾九二曰「見龍在田，天下文明」〔一〕。坤爲文柔來文剛，故曰文明。乾中伏坤，坤爲地，地上稱田，「見龍在田，天下文明」之象也。初辭擬之，卒成之終。終在上，始在初，舉終始，兼包六位，故曰：「大明終始，六位時成。」時成者，卒成之終，初猶隱而未見，行而未成，自始至終，方成六位。

文言曰：「知至至之」，言乎始，故曰「可與幾」。幾者，事之微。「知終終之」，言

〔一〕乾文言。

乎終，故曰「可存義」。義者，事之質。始乎微，終乎質，故曰：「易之爲書，原始要終，以爲質也。六爻相雜，惟其時物。」[一]故曰：「六位時成。」始謂初，非謂元；終謂上，非謂貞。此言六位，不言四德。傳曰：「易有六位。三才，天、地、人也。天有陰陽，地有剛柔，人有仁義。法此三者，故生六位。天地之氣，必有終始；六位之設，皆由上下。故易始於一，分於二，通於三，革於四，盛於五，終於上。」[二]所謂「大明終始」者，指六位明矣。六位有虛實，虛暗實明，六位皆實爲大明。

說者又謂：聖人大明乎乾道之終始。乾道大明，豈待聖人而後明哉！學者不知乾爲大明，而以離當之。離可謂之文明，未可謂之大明也。曷爲未可謂之大明？陽大陰小，陰卦多陽。離，陰卦也，烏可謂之大哉？乾六位，純而不雜，故象六龍時乘者，初潛、二

[一] 繫辭。

[二] 此說不見於易傳，出自易緯乾鑿度：「孔子曰：易有六位。三才，天、地、人道之分際也。三才之道，天、地、人也。天有陰陽，地有柔剛，人有仁義。法此三者，故生六位。六位之變，陽爻者制於天也，陰爻者繫於地也。天動而施曰仁，地靜而理曰義。仁成而上，義成而下，上者專制，下者順從。正形於人，則道德立而尊卑定矣。此天地人道之分際也。天地之氣，必有終始，六位之設，皆由上下。故易始於一，分於二，通於三，□於四，盛於五，終於上。」

見、三行、四躍、五飛，至上而窮，窮復反下。是謂時乘，言各以其時也。

或曰：「縣象著明，莫大乎日月。」〔一〕然則日、月爲大明，奚爲不可？獨以大明屬之乾，何也？日月得天而能久照，日得天而大明於晝，月得天而大明於夜。日月之明，皆天明也，故易獨以大明屬之乾。參同契謂：月三日生明於震，震一陽生也；十六日微闕於巽，巽一陰生也；八日上弦於兑，兑二陽生也；二十三日下弦於艮，艮二陰生也；三十日消滅於坤，全體皆暗；十五日盛滿於乾，全體皆明，是爲大明。「蟾蜍與兔魄，日月氣雙明。」〔二〕坎、離合於乾也，故曰：「與日月合其明」。黄帝内經謂：「天氣清静光明而藏德者也，天明則日月不明。」〔三〕説者〔四〕謂：「天所以藏德者，爲其欲隱

〔一〕繫辭。

〔二〕此段所引參同契與今所見各本出入較大，五代彭曉周易參同契通真義本中復卦始萌章與十六轉受統章之文作：「三日出爲爽，震庚受西方。八日兑受丁，上弦平如繩。十五乾體就，盛滿甲東方。蟾蜍與兔魄，日月氣雙明，蟾蜍視卦節，兔魄吐光生。七八道已訖，屈折低下降。十六轉受統，巽辛見平明。艮直於丙南，下弦二十三。坤乙三十日，東北喪其明。節盡相禪與，繼體復生龍。」今所見諸本均未提及「大明」，不知惠士奇所引之文本出自何處。

〔三〕惠士奇此所引黄帝内經與今見唐王冰注本、明吳崑注本與清張志聰集注本有異，三本均作：「天氣清淨光明者也，藏德不止，故不下也。天明則日月不明，邪害空竅。」

〔四〕説者，蓋唐人王冰。

大明。大明見，則小明滅，故大明之德不可不藏。天若自明，則日月之明隱矣。」董仲舒曰：「天藏其形而見其光。藏其形，所以爲神；見其光，所以爲明。」

莊子在宥篇廣成子語黄帝曰：「我爲女遂於大明之上矣，至彼至陽之原也；爲女入於窈冥之門矣，至彼至陰之原也。」坤爲黑，故至陰窈冥；乾爲大赤，故至陽大明。孰謂莊周不聞道哉？莊周精於易，故善道陰陽，後儒説易者皆不及，故特揭以待後之學者焉。

「九三，君子終日乾乾，夕惕若夤〔一〕音延，厲无咎。」説文云：「夤，敬惕也。易曰：『夕惕若夤。』」愚謂：夤從夕、從寅，夕惕之貌，因時而惕，故曰若夤。古者夤讀如延。夤緣，莊子作「延緣」，夤與乾協。説文兩引乾九三爻辭，一作「夤」，一作「厲」者，後人亂之也。厲乃占辭，與悔、吝等，安得屬上句乎？失之甚矣。

三與五皆得正，故同功。五多功、三多凶，何也？按：九居三，凡三十二卦，

〔一〕今所見本周易均無「夤」字。「夕惕若夤」出説文解字所引。

其占凶者，四卦而已。大過、離、漸、小過。而云多凶者，易尚中正，而尤貴中，中能兼正，正不能兼中，故有多凶之戒，蓋非君子不足以當之。乾三、謙三、夬三皆曰「君子」。大有九三曰：「小人弗克。」言占者小人，弗克當天子之享。大壯九三曰：「小人用壯，君子用罔。」言小人以力，故用壯；君子以德，故用罔。用罔者，謂不用彊梁之力也。既濟九三曰：「小人勿用。」言命將出師，小人不可當其任。然則九三爲君子之爻信矣。

乾鑿度以爻之得正者爲聖人、君子；失正者爲庸人、小人。自一軌七百六十年，至四十二軌三萬一千九百二十年〔二〕，以一卦得正之爻爲享國之世數，故名世軌。雖其説甚誕，然以十二辟卦言之：復，初陽得正，爲聖人；臨，二陽失正，爲庸人；泰，三陽得正，爲君子；大壯，四陽失正，爲庸人；夬，五陽得正，爲聖人；乾，上陽失正，爲庸人；姤，初陰失正，爲小人；遯，二陰得正，爲君子；否，三陰失正，爲小人；觀，四陰得正，爲君子；剥，五陰失正，爲小人；坤，上陰得正，爲君子。其説固不可信，而以卦

〔二〕乾鑿度：「孔子曰：三萬一千九百二十歲，録圖受命，易姓三十二紀。」

爻分君子、小人，亦必有據矣。

「乾乾」「蹇蹇」，猶肅肅、雝雝。説者謂：重乾重坎，非也。「君子夬夬」，則又何説乎？白虎通曰：「陽不動，其道無以行；陰不靜，其化無以成。雖終日乾乾，亦不離其處也。故曰『反復道也』。」〔一〕

「用九，見羣龍无首，吉。」董仲舒曰：「冠之在首，玄武之象也。」玄武嚴威，其像在後，其服反居首，武之至而不用矣。武王克商，虎賁説劒〔二〕，豈任武殺然後威？龍戰於乾，亦象玄武。玄武在後，故羣龍无首，蓋古之神武而不殺者夫！董仲舒曰：「陽道无端而貴神。」无端，故无首。龍不見首，故稱神。鶡冠子曰：「隨而不見其後，迎而不見其首。」亦見老子。艮爲背、爲後，「行其庭，不見其人」，是「隨而不見其後」也。乾爲龍、爲首，見羣龍无首，是迎而不見其首也。故曰：「成功遂事，莫知其狀。圖弗能載，

〔一〕與白虎通原文有出入，班固白虎通德論論天行反勞於地作：「君舒臣疾，卑者宜勞，天所以反常何行？以爲陽不動無以行其教，陰不靜無以成其化。雖終日乾乾，亦不離其處也。故易曰：『終日乾乾。』反覆道也。」

〔二〕劒，四庫本作「劍」。

名弗能舉。」〔一〕

「本夫天者親上，本乎地者親下。」〔二〕許叔重曰：「木下曰本，一在其下。」「木上曰末，一在其上。」此植物也。植物然，動物亦然。一在上者，天也，故首戴天，本乎天者，親上也；一在下者，地也，故足立地，本乎地者，親下也。人從生，禽獸横生，四足者頭俯，二足者頭昂，然足皆立地。舊説本乎天者動物，本乎地者植物。〔三〕失之。

動、植然，水、火亦然。「水流溼」，謂下溼，水就下也。天生水，天産本乎地，故水行地中。「火就燥」，謂上燥，火炎上也。地生火，地産本乎天，故火在天上。近取諸身，則足少陰太陽，水也，水流下行而不能上，故在下部；手太陽少陰，火也，火炎上行而不

〔一〕鶡冠子夜行。

〔二〕乾文言。夫，文言傳及四庫本均作「乎」。

〔三〕朱鑒朱文公易説：「又曰本乎天者親上，凡動物首向上，是親乎上，人類是也；本乎地者親下，凡植物本向下，是親乎下，草木是也。禽獸首多横，所以無智。此本康節説。」邵雍確有此説，皇極經世書曰：「動物自首生，植物自根生。自首生，命在首；自根生，命在根。」

能下，故在上部。上者本天，下者本地也。舊説「同地注水溼先流，均薪施火燥先然」〔一〕，亦失之。

水、火然，風、雲亦然。雲上乎天，乾爲龍，故雲從龍。雲出天氣也，非「本乎天者親上」乎？風發乎地，坤爲虎，故風從虎。風出地氣也，非「本乎地者親下」乎？萬物皆然，其理可悟。鳳鳥來儀，從者萬數，聲應氣求，聖作物覩。「水流溼」。説文：「幽溼也。」俗誤爲濕。濕，古漯字。水名之濕爲下溼，其誤已久矣。濕，他帀反；溼，失入反。

「見龍在田，時舍也。」〔二〕時舍，讀爲「田舍東郊」〔三〕之舍。若云未爲時用，則德施何由而普？天下安得文明也？時舍，對時行、時乘。乘則行，舍則止；乘則駕，舍則稅駕；時止則止，時行則行，動靜不失其時，其道光明。光明者，見龍之象也。未爲時用，蓋龍

〔一〕「同」字或爲「平」字之誤。呂氏春秋有始覽：「平地注水水流溼，均薪施火火就燥。」荀子大略篇：「均薪施火火就燥，平地注水水流溼。」鬼谷子摩篇：「抱薪趨火燥者先然，平地注水濕者先濡。」劉子類感：「抱薪救火燥者先然，平地注水濕者先濡。」

〔二〕乾文言。

〔三〕呂氏春秋孟春紀：「王布農事，命田舍東郊。」禮記月令：「王命布農事，命田舍東郊。」

德而隱者與？二曰時舍，三曰行事。三行二舍，各因其時。初時潛，二時舍，三時行，四時躍，五時飛，至上而窮，故亢。亢者，不知時也。時進、時退、時存、時亡，而不失其正，謂之時。

「上六，龍戰於野，其血玄黃」。乾爲野，陽爲龍，陰爲血。何以知乾爲野也？説卦傳曰：「戰乎乾。」乾西北，廣莫之方，故稱「野」。京房云：「居西北之分野，陰陽相戰之地。」天與火，同人。本乎天者親上，故曰：「同人，親也。」〔三〕地生火，地產本乎天，故親上。乾爲野，火、上同，故曰：「同人於野。」則野非乾而何？

陰陽相薄，故稱「戰」。陰，其類也，故稱「血」。乾純而坤雜，陰疑於陽，疑之言擬也。直謂之陽不可，故擬之曰陽。陰陽兼、天地雜，故曰「其血玄黃」，言非純也。許慎説：「壬，位北方。陰極陽生。故曰『龍戰於野』。戰者，接也。」陰陽交接，卦无傷象。坤伏乾，戰乎乾，出乎震，坤一變而成復矣。色表而血裏，表陽而裏陰，故不言色而言血

〔二〕雜卦。

也。坤，十月之卦，十月爲陽，故稱龍。乾、坤交會於戌、亥之都，故稱雜。干寶謂：「陰陽合而同功。」[一]戰者，陰陽合也。虞仲翔曰：「天壬地癸，相得合水。」故陰陽相薄而戰乎乾。乾鑿度曰：「乾、坤氣合戌、亥，奄[二]受二子之節，陽生秀白之州。」乾氣白，又九月、十月節，故曰「秀白」。然則野者，秀白之州也，在兑、坎之交，故曰「奄受二子之節」。

「六二，屯如邅如，乘馬驙[三]如。」說文云：「驙者，馬載重難行。」[四]六二乘剛之象也。「驙」誤爲「班」。馬將行，其羣分，乃長鳴，故曰班馬之聲。班，猶分別也，失「屯邅」之義矣。震馬馵足，一其足曰馽，音環。二其足曰馵，言有絆之者，故駗驙而不進。六

[一] 周易集解：「干寶曰：『陰、陽，離則異氣，合則同功。』」
[二] 奄，乾鑿度作「音」。
[三] 驙，周易古經作「班」。
[四] 此處所引有誤。說文解字：「驙，駗驙也，从馬，亶聲。易曰：『乘馬驙如。』張連切。」同卷「駗」字條目：「駗，馬載重難行也，从馬，㐱聲。張人切。」廣韻、集韻、說文通訓定聲等書則訓「驙」爲「馬載重難行也」。

二之難，其象如此。坎馬爲曳，故四、上皆有「邅如」之象。如古而字寇指坎，坎爲盜，難生，亦指坎難生於寇也。二、五正應陰陽之義，象婚媾，故曰「匪寇婚媾」。天地不交曰否，剛柔始交曰屯，天地交曰泰。泰之所以成泰者，天下降、地上升。昏禮親迎法之陽下陰也。九五陽不下陰，空有雲雷，不能成雨，故「屯其膏」；女歸待男行，男不下女，故「女貞不字」。然雷動滿盈，始雖屯膏，終必遇雨。二、五得中且正，初逢屯難，卒成泰交，故曰「十年乃字」。言十年者，數終於十，亦成於十。

詩云：「一發五豝，吁嗟乎騶虞。」梁騶者，天子之囿；虞者，司獸之臣。虞人翼五豝以待之，故一發中五。虞人謹慎其職，志厚意盡，故歎之也。屯六三[二]：「即鹿无虞，惟入於林中。」言林麓，非囿也。无虞，則司獸失其官矣。往而弗舍，必至窮困。古文「麓」作「鹿」，應劭曰：「鹿者，林之大者也。」故書曰：「大麓，今鉅鹿」。[三]縣取名

[二] 屯六三，四庫本作「長六二」。
[三] 出自尚書禹貢僞孔傳。

焉。陸佃曰：「澤獸爲麋，林獸爲鹿。故林屬於山，其文從鹿。麓者，鹿之所在。麋性喜澤，鹿性喜林。」〔二〕詩云：「瞻彼中林，甡甡其鹿。」甡甡，狀鹿之多。「惟入於林中」，空林之象也。漢光武初爲蕭王，獵於野，王路逢二老者即禽，問曰：「禽何向？」竝舉手西指，言：「此中多虎，臣每即禽，虎亦即臣，願大王勿往。」屯互坤，坤爲虎，三入林中，上爲敵應。此人即禽、虎亦即人之象，故往吝。

逸周書大武解有「五虞」。五虞者，一鼓走疑，二備從來，三佐軍舉旗，四采虞人謀，音媒，與旗協。五後動撚之。撚，乃殄切。蹂也，蹂其後而從之。此從禽之所以必有虞人也，故曰：「无競惟害，有功无敗。」謂競思害、功思敗。是爲虞人謀，无虞亦无謀，動斯迷矣。「君子幾不如舍」，幾者，虞機；舍者，舍拔。書曰：「若虞機張，往省括於度則釋。」詩曰：「奉時辰牡，辰牡孔碩。公曰：『左之舍拔則獲』。」奉牡者，虞人舍拔，猶釋括，見禽而後從，則舍无不獲。无虞，安得有牡乎？張機而待，不能獲禽，君子舍之，

〔二〕陸佃埤雅釋獸：「麞性喜山，麋性喜澤，鹿性喜林，故林屬於山爲麓，其字从鹿，麓者，鹿之所在故也。鹿，林獸也；麋，澤獸也。」

舍拔而已，言无所獲也。解上六射隼，獲之。自上射下，其勢順，故有獲。屯六三從禽，舍之。自下從上，其勢逆，故无獲。无獲而仍往，必困窮矣。吝，當作遴，行難也，屯之義也。解上、屯三，皆體震。震動，象弩機，坎弓、離矢。解互離，屯、離象半見，其器未成，故動而无獲。解上待時而動，屯三動非其時，坎爲狐，兼有禽象。故解三爲隼，屯上爲禽。何以知屯上爲禽也？以象辭知之。象言：「即鹿者從禽，古音禽，讀若凶。往吝者上窮。」〔二〕凡象言窮者，皆指上也。

「六四，求婚媾，往吉，无不利。」二、五，四、初，皆正應，故皆稱婚媾。然四求初，失男先之義；初求四，有援上之嫌。二者无一可。且卦之戒辭曰：「勿用，有攸往」，而四曰「往吉，无不利」，何也？如謂四承九五，自知柔弱，不足以濟。屯初有陽剛之才，爲民之望，故往求之。共康時難，不曰求賢，而曰求婚媾，又何也？卦辭曰：「利建侯。」侯有同姓、異

〔二〕象傳曰：「『即鹿無虞』，以從禽也；『君子捨之、往吝』，窮也。」

姓、庶姓。南容三復白圭，孔子以爲異姓。異姓者，婚媾甥舅。重婚曰媾，若齊太公，周之元舅，世爲婚姻，然則異姓之侯，故曰婚媾。初當建爲侯，建之者五，求之者四，故曰「求婚媾」。

四才柔暗，而象曰「明」，何也？離火，外明；坎水，内明。天下至明者，莫如水。故祭有明水、明火，則水、火皆明矣。必離而始稱明，固哉！知人之明，自古難之矣。漢光武失之龐萌，曹孟德失之張邈，諸葛武侯失之馬謖，而蕭相國獨得之淮陰侯。淮陰侯乃楚之亡將，碌碌无能者耳，何所見而目爲國士，且曰「國士无雙」？非天下之至明，孰能與於此？屯難之時，天造屮昧，不求國士，焉能成大業哉？

上六，君側之小人，六三其敵也。鹽鐵論曰：「小人先合而後忤。初雖乘馬，終必泣血。」不其然乎？屯外卦坎，故四曰「明」、五曰「光」。五未光者，上六揜之。故五之明不如四也。初位下，上位高。賈誼曰：「位卑而義高者，雖卑亦貴〔一〕；位高而義下者，雖貴必窮。」

〔一〕新書大政作：「故位下而義高者，雖卑，貴也。」

「九五，屯其膏，小貞吉，大貞凶。」膏謂雨，坎在下爲雨，雷雨解。在上爲雲，雲雷屯。密雲不雨，故曰：「屯其膏。」詩曰：「陰雨膏之。」雲行雨施，故象曰「施未光。」郎顗謂：賢者化之本，雲者雨之具。得賢而不用，猶久陰而不雨。「屯其膏」者，久陰不雨之象。陰小陽大，其占爲：陰柔小人守正則吉，陽剛君子雖正亦凶。

初之「盤桓」，蓋隱者與？京房易候曰：「何以知賢人？隱視四方，常有大雲，五色具而不雨其下，賢人隱矣。」然則上有屯膏，故下有隱賢。「盤桓」者，隱之象也。卦惟一陽在下，羣陰滿朝，故有此象。如能建侯，以康屯難，則雲行雨施，而天下平矣。象所謂「施未光」者，以此。

易傳曰：「陽无德則旱。」〔一〕陽无德者，人君恩澤不施於人，所謂「屯其膏」也。初雖得民，而居卑賤之位，盤桓棲遲，遯世无悶。九五陽无德，故初九利居貞。說者謂五爲初逼，蓋以初九象辭「大得民」而爲之說。周官：「以九兩繫邦國之民。三曰師，以賢得

〔一〕惠棟認爲出自易緯。周易述：「易緯曰：『陽无德則旱』。」

民；四曰儒，以道得民。」〔一〕初九以賢，以道得民於下，而以魯之季孫、魏之司馬比之，豈其然乎？二陽之卦屯、頤，頤初在下，豈能養人者哉？不能養人，焉能逼君胥？失之矣。其所以失者，在誤解「得民」，故舉周官「九兩」，以證明其義焉。崔子弒齊君，不殺晏子，曰：「民之望也。」舍之得民。自古賢人在下，未有不得民者。周之二老、漢之四顥〔二〕，皆是也。禹貢：「西傾因桓是來。」鄭康成曰：「桓是隴坂名，其道盤桓，旋曲而上，故名曰桓。今其下民謂坂曲爲盤。」蜀中僰道至險難，其俗爲之語曰：「猶溪赤木，盤蛇七曲，盤羊烏櫳，氣與天通。」〔三〕然則初九盤桓險中之象，故彖曰「難生」。天地閉，賢人隱，剛柔始交而難生，未可有爲。盤桓不往，非隱而何？

〔一〕周禮天官大宰：「以九兩繫邦國之民，一曰牧，以地得民；二曰長，以貴得民；三曰師，以賢得民；四曰儒，以道得民；五曰宗，以族得民；六曰主，以利得民；七曰吏，以治得民；八曰友，以任得民；九曰藪，以富得民。」

〔二〕顥，四庫本作「皓」，是。漢書：「四皓，須眉皓白，故謂之四皓。」

〔三〕出自華陽國志卷四南中志：「自僰道至朱提，有水步道，水道有黑水及羊官水，至險難行，步道渡三津，亦艱阻，故行人爲語曰：猶溪赤木，盤蛇七曲，盤羊烏櫳，氣與天通。」

「九二，包蒙，吉。」「上九，擊蒙，不利爲寇，利禦寇。」物生必蒙，故乾、坤之後，繼以屯、蒙。屯則建侯以治之，蒙則立師以教之。不知義理，謂之蒙。蒙由於不學，不學由於不教，教學非能益也，達天性也。能全天之所生，而勿敗之，此之謂善教善學。學者師達而有材，吾未知其不爲聖人。故曰：「蒙以養正，聖功也。」

魁人、名士在乎疾學，疾學在乎尊師，王公大人弗敢驕也。上至於天子，朝之而不慚，古之聖王未有不尊師者。是以往教不化、召師不化。師必勝理行義，然後尊。故曰：「匪我求童蒙，童蒙求我。」

卦之四陰皆蒙也。初發蒙，四困蒙，五童蒙，惟三行不慎，所謂不屑教誨者，故不得與於蒙之列。九二包之、上九擊之，皆師道也。訓蒙而至於擊之，君子以是操之，爲已蹙矣。然書有教刑，禮威榎楚。爲師者徒包之而不擊之，亦何以發其蒙也？發蒙者擊之，所以禦之，如禦寇。然禦寇之道，在未至而豫禦之，猶發蒙之道在未發而豫禁之。春秋：「公追戎於濟西。」公羊子曰：「此未有言伐者，其言追何？大其爲中國追也。此未有伐中國者，則其言爲中國追何？大其未至而豫禦之也。」故曰：「不利爲寇，利禦寇」。

其道在家人之九三，曰：「家人嗃嗃，悔厲，吉。婦子嘻嘻，終吝。」君子賜與其家，亦猶慶賞於國；忿怒其臣妾，亦猶刑罰於萬民。若是，則何「嗃嗃」之有？君子事父如事君，事兄如事長，使子如使民。若是，則何「嘻嘻」之有？嗃嗃失於嚴，嘻嘻失於褻。與其褻也，寧嚴。父道猶師道，師道猶君道，故曰：「家人有嚴君焉。」〔二〕无有師保，如臨父母。

「六四，需於血，出自穴。」陰陽應象大論篇曰：「地氣上爲雲，天氣下爲雨。雨出地氣，雲出天氣。」注云：「陰凝上結，則合成雲；陽散下流，則注爲雨。雨從雲以施化，故雨出地；雲憑氣以交合，故雲出天。」〔三〕愚謂：需，雲上於天，六四出自穴，所謂「地氣上爲雲，雲出天氣」也；穴在地，地氣上升於天，則成雲而爲雨，雨出地氣，故曰「出自穴」。内卦乾爲天，天氣在下，地氣在上，則成雨。不曰雨而曰血者，坎爲血卦也。

〔二〕彖辭。
〔三〕黄帝内經王冰注。

卦無殺傷之象，象曰「順以聽」，安得相害相傷？王注失之。

至上而窮，窮復反下。天氣上升，地氣下降，故上六曰：「入於穴」。一出一入，其象昭矣。出則雲凝，入則雲散，亦无險極而陷之象。天文箕爲敖客，東北之星，天位也。故乾三陽有敖客之象焉。張，嗉，爲厨，主觴客。上六象之位乎？天位者，九五一人而已。三人雖不當天位，而爲天之敖客，上六敬之如大賓，故終吉。凡客必速，不速似失禮，而上能敬之，則雖敖客，亦不敢慢，故象曰：「未大失也」。水爲陰，火爲陽。陽爲氣，陰爲味。需有坎、離，三、四、五互離。氣味兼焉。故九五有酒食之象，而上六客來，亦以此。

鍼解篇曰：「人陰陽脈血氣應地。」注云：「陰陽有生成，交會脈血有盈虛盛衰，故應地。」[二]愚謂氣陽血陰，雲雨之象，人氣行爲血，地氣蒸爲雨，豈必殺傷而後爲血哉？人之一身，氣爲衛，血爲榮。氣主呴之，血主濡之。氣行而不留，血濡而不滯，如環无端，轉相灌注。此之謂順，反是則逆，逆則生病，故象曰：「需於血，順以聽也。」在人身爲氣、爲血、爲竅，在天地爲雲、爲雨、爲穴。而人身亦有三百六十五穴，以應一歲，

[二] 王冰注作：「人陰陽有交會，生成脉血，氣有虛盈盛衰，故應地也。」

以通榮衛。其在天地，則竅於山川，而出入氣通焉。此需四上二陰所以取象於穴與！俗儒之說易，見血謂之傷，見穴謂之陷。〔二〕不知易象者也。險極則平，何陷之有？

「天與水違行，訟。」〔三〕訟之象也。上剛下險，險而健訟，訟之義也。水流溼，火就燥，乾爲燥，坤爲溼。故水與地爲比，天與火爲同，同與比，皆順從也。天水違行，違則逆矣，焉得順從？不順從，故訟。火生於溼，水生於燥。鶡冠子曰：「地溼而火生焉，天燥而水生焉。」傷於燥，則地不生火；傷於溼，則天不生水。京房曰：「天下見水，陰陽相背，物何由生？」謂傷於溼，則天不生水。萬物生於水火，天不生水，則物无由生，此天水違行之義也。荀爽謂：「天西轉，水東流。」失之矣。天西水東，始雖相背，後卒相逢，是合也，非違也。

卦名爲訟，何哉？訟之言凶也。險而健，謂之凶。京房曰：「金與水，二氣相資，

〔二〕朱熹周易本義：「血者，殺傷之地；穴者，險陷之所。」

〔三〕象辭。

父子之謂。健與險，内外相激，家國之義。」水違天，猶子違父，是爲倒子，亦曰很子，堯子丹朱之象也。書云：「嗣子丹朱開明。見史記。帝曰：『吁！嚚訟可乎？』」嚚訟者，頑凶也。又曰：「无若丹朱傲，惟慢遊是好。傲虐是作，罔晝夜額額，罔水行舟，朋淫於家。」此之謂頑凶。頑凶者，險而健也，故丹朱有嚚訟之目。卦名訟者，以此。

「初六，不永所事，小有言，終吉。」其象見於召南行露之詩，行露者，訟之辭也。强暴之男侵淩貞女，貞女不從，故訟。〔一〕其首章曰：「厭浥行露。」露雖湛湛，見陽則消，曾不崇朝，「不永所事」之象也。其次章曰：「誰謂雀無角，何以穿我屋？」其卒章曰：「誰謂鼠无牙，何以穿我墉？」言視牆之穿，知鼠有牙；視屋之穿，疑雀有角。鼠信有牙矣，推類求之，雀雖无角，而似有角焉，「小有言」之象也。其事不永，其辯卒明，初如貞女，其象亦如之。

〔一〕召南行露序：「行露，召伯聽訟也。衰亂之俗微，貞信之教興，彊暴之男不能侵陵貞女也。」

「九二，不克訟。歸而逋，其邑人三百户。无眚。」水違天，猶子違父、臣違君，皆曰訟，不必聽訟然後謂之訟也。克，勝也。臣與君爭，不勝而逋，剛來得中，幸而獲免。其象在巧言之卒章，曰：「彼何人斯，居河之麋？无拳无勇，職爲亂階。既微且尰，爾勇伊何，爲猶將多，爾居徒幾何？」河之麋，乃其邑也。无拳勇，微且尰，故不克訟。「居河之麋」，「歸而逋」也。「爾勇伊何」，其形健也。「爲猶將多」，其心險也。「爾居徒幾何？」邑人三百户也。此周之逋臣，訟二象之，爻言「无眚」，象言「患」。至二得中，故无眚，而免於患者，以此。

春秋衛之孫林父乃臣與君爭而勝，叛據於戚者也。吴季札自衛適晉，將宿於戚，聞鐘聲曰：「異哉！吾聞之，辯而不德，必加於戮。夫子獲罪於君以在此，懼猶不足，而又何樂？夫子之在此也，猶燕之巢於幕上，君猶在殯，而可以樂乎？」君謂獻公。遂去之而不宿焉。叛據於戚，竄也。辯而不德，自下訟上也。燕巢於幕，患至掇也。懼猶不足，焉能无眚？其危甚矣。孫林父之免於戮也，幸矣哉！

上九終凶，而爻不言凶，何也？九雖居終，而位在上，非自下訟上者，故不言凶。自下訟上者不臣，不臣者殺。春秋僖公二十有九年：「衛殺其大夫元咺。衛侯鄭歸於衛。」〔一〕公羊子曰：「此殺大夫，其言歸何？歸惡於元咺也。曷爲歸惡於元咺？元咺之事君也，君出則己入，君入則己出，以爲不臣也。」言元咺有不臣之辠，衛侯得殺之，豈徒三褫鞶帶而已乎？故自下訟上，其象在二，而不在上也。不臣者，災及其身；不子者，用殄厥世。易象成，而亂臣賊子懼矣！

「六三，師或輿尸，凶。」戰國策曰：「寧爲雞尸，毋爲牛從。」〔二〕然則爲尸者，九二也。一陽爲尸，羣陰爲從。三體柔而志剛，不爲從而亦欲爲尸，故凶。春秋宣公十有二年：「晉、楚戰於邲。」是時，晉荀林父將中軍。中軍者，軍之元帥，所謂尸也。林父欲還不欲戰，其佐彘子不從。故荀首曰：「此師殆哉」。有帥而不從，彘子尸之，必有大咎。尸之者，即六三之輿尸，故曰：「師或輿尸，大无功也。」〔三〕輿尸者，師之進退，以輿爲

〔一〕三傳均在僖公三十年，二十九年誤。
〔二〕戰國策作：「寧爲雞口，無爲牛後。」高誘注：「續云：顔氏家訓引作『寧爲雞尸，不爲牛從』。」
〔三〕象辭。

主，凡帥師者，謂之帥賦輿，故曰「輿尸」。楚令尹南轅反旆，王用伍參之言，改轅而北，則師之進退在輿，明矣。或訓輿爲衆，失之。然則輿人亦非衆與？曰：非也。一輿有七十五人，故曰輿人。人三爲衆，豈輿之謂哉？訓詁之學，莫精於漢，至後世而益亂矣，孰能正之？輿人即車人也。周禮縣師職云：「會其車人之卒伍」。

「九五，顯比；王用三驅，失前禽，邑人不誡，吉。」鄭康成曰：「王者習兵於蒐狩，驅禽而射之，三則已，法軍禮也。」愚謂：三驅，驅之言阹也，所以遮禽獸。驅，通作阹，省作去，田獵有驅逆之車，故春秋左氏傳曰：「千乘三去音驅，三去之餘，獲其雄狐。」三去猶三驅也。上林賦曰：「鼓嚴簿縱獠[一]者，江河爲阹，泰山爲櫓。」注云：「因山谷遮禽獸爲阹。」[二]長楊賦曰：「上將大誇胡人以多禽獸。秋命右扶風發民入南山，西自褒斜，東至弘農，南敺漢中。張羅网罝罘，捕熊羆豪猪、虎豹狖玃、狐兔麋鹿，載以檻

[一] 獠，文選作「獵」。
[二] 郭璞注：「因山谷遮禽獸爲阹櫓望樓。」

車，輸長楊射熊館，以网爲周阹，縱禽獸其中焉。」阹而曰周，是合圍也，失「三驅」之義矣。且發民捕獸，亦非「邑人不誡」之義也。魏書蘇則傳：「則從行獵，槎桎拔失鹿。上大怒，收督吏，將斬之。則諫，乃已。」三驅失禽，古之禮也。失鹿斬人，異哉！然則三驅之禮，自漢以來，不行久矣。三驅者，三面遮禽，獨開前面，故失前禽。象曰：「舍逆取順，失前禽也。」上在後，初在前。虞仲翔曰：「背上六，故舍逆，據三陰，故取順，不及初，故失前禽。」愚謂：初六爻辭曰：「終來有它，吉」。初不應五，故曰「它」；五不及初，故曰「失」。人皆知得之爲得，不知失之爲得，失之乃所以得之也。故前禽雖失，初六終來，猶禹征有苗，攻之則逆，舍之則格，惟能格之，故能來之。象曰：「不寧方來」，此之謂也。不寧者，不寧侯，謂諸侯之不來朝者。不寧方來，則莫不來矣。不來者，惟上六耳，故六爻上獨凶。或謂：「三驅者，一爲乾豆，二爲賓客，三爲充君之庖。」〔一〕此殺也，非驅也。驅當訓爲阹。谷永曰：「大路所過，黎元不知。」〔二〕所謂「邑人不

〔一〕禮記王制：「天子、諸侯，無事則歲三田，一爲乾豆，二爲賓客，三爲充君之庖。」

〔二〕此杜鄴之言，非谷永，惠士奇所引誤。漢書郊祀志：「後成都侯王商爲大司馬、衛將軍，輔政杜鄴説商曰：『大路所歷，黎元不知。』」

誠」也。不淫於獸，不擾於民，古之田禮如此，故「九五，顯比」取象焉。

「上六，比之无首，凶。」乾无首，吉。比无首，凶。陽吉陰凶，首皆指上也。逸周書武順解云：「元首曰末。」末在上，其象爲首，其義爲終。自下至上爲終，自上至下爲首。无首者无終。初辭擬之，卒成之終。故象曰：「比之无首，无所終也。」左傳：「風淫末疾。」末疾者，首疾。謂風淫則頭痛，是爲頭風。故賈逵注左傳，亦以末疾爲首疾，謂風眩也。杜預撥弃漢注，以末爲四肢，失之矣。首在上，不在初，程傳：「首爲始」，亦失之。比卦有始无終，故後。夫凶，首非始也。四末見内經，然内經仍以四肢爲本。首爲始，亦見爾雅。然爾雅以徂爲存[一]，亂爲治[二]，曩爲曏[三]，故爲今古訓，各有所當，豈徒一端而已？説文：「木下曰本，一在其下。」「木上曰末，一在其上。」「木心曰朱，古文朱。一在其中。」人身亦然。足爲本，首爲末，心爲中，木无頭曰𣎴，古文櫱。此後夫之象與！比无

[一] 爾雅釋詁：「徂、在，存也。」
[二] 爾雅釋詁：「乂、亂、靖、神、弗、淈，治也。」
[三] 爾雅釋言：「曩，曏也。」

首，猶木无頭。不者，孤臣孽子不得志於君親，孤立於外，窮无所歸者也。象傳謂「其道窮」者，以此。故曰：「知始无終，厥道必窮。」〔二〕易林比之繇云：「鵠足却縮。書燭切。不見頭目。」足指初，頭指上。

「初九，復自道，何其咎？吉。」「六四，有孚；血去惕出，无咎。」小畜内卦本巽，初變爲乾，故稱復。吕氏春秋曰：「本无異則動，卒有喜。」初爲本，陽爲喜，陰動變陽，復其本矣。无異者，言不異心於應也。高誘謂：「天行周匝復始，故曰復自道。」所謂「終日乾乾，反復道也。」

不曰「无咎」而曰「何其咎」者，初居世，四應之。畜乾者，四也，則初不能无咎矣。然初與二牽，四與上合，明初不應四，四亦舍初，異德相違，同德相合，何咎之有？故初「復自道」，二亦不自失者，以此。坎爲血，上「既雨」，故「血去」。乾爲惕。乾三、夬三，皆稱惕。三「説輻」，故「惕出」。明三不能進，上來合之，四上交乎，則畜道成矣，

〔二〕越絶書越絶德序外傳記引「左傳曰」語。

故无咎。

巽爲風，風化爲雨。故曰：「既雨。」内經曰：「風淫交爭，風化爲雨。」巽爲婦，婦道无成，雖正亦危。故曰：「婦貞厲。」月十五盈乾甲，十六見巽辛。卦内乾外巽，故曰：「月幾望。」風行明不處，既處明不行，鐘鳴漏盡，夜行不休，是辠人也，故曰：「君子征凶。」

大畜陽畜乾，至上而「道大行」；小畜陰畜乾，至上而「德積載」。積者，陰氣也。陰伏而沉，故稱積。載者，陰德也。厚德載物，故稱載。至此則陰疑於陽，故又稱疑。疑，讀爲擬，與載協。言陰不能獨成，必與陽合，而後畜道成也。王弼謂：「大畜之盛，在四、五。」失之矣。象曰：「剛上而尚賢，能止健。」止健者，上也。四、五何與乎？或謂小畜六四象辭，上指五，亦非也。三稱妻，上稱婦，皆象四，則四「上合志」，又何疑？助之者，五也，故曰：「富以其鄰」。四、上皆鄰於五，而五能以之明。畜道之成，五實有力焉。周易集林雜占曰：「巽化爲坎，先風後雨；坎化爲巽，先雨後風。」小畜上九有「既雨」之象，巽化爲坎也。

「六三，眇能視，跛能履，履虎尾，咥人，凶。武人爲於大君。」「九四，履虎尾，愬愬，終吉。」象傳曰：「履，柔履剛也。」履，與乘、承不同。乘者，剛在下，柔自上乘之；承者，剛在上，柔自下承之。乘多凶，承多吉。履者，不上亦不下，非乘亦非承，蹂其跡而隨之。或謂：兑柔履乾剛。非也。虞仲翔謂：「兑剛鹵非柔。」其説良是。六三志剛，安得柔乎？且卦象虎尾，以乾爲虎，亦未之前聞。而仲翔謂：「履與謙旁通。」謙、坤爲虎，艮爲尾，乾爲人，乾、兑乘謙，震足蹈艮，故曰「履虎尾。」其説殊鑿。履者，踐也。下則陷，上則危，故詩曰：「履薄冰。」易曰：「履虎尾。」卦互離、巽。離目，巽股，體皆不正，故有眇、跛之象。巽爲躁卦，故又象武人。巽卦初爻之象。

三體柔而志剛，有「武人爲於大君」之象。四多懼，故曰：「愬愬，終吉。」三正當虎口，故曰：「咥人，凶。」三兑、四乾，皆象虎尾，吾不知乾履兑乎？抑兑履乾乎？兩説皆未見其然也。漢光武幸章陵舊宅，燕宗室，宗室諸母酒酣，相與語曰：「文叔少時謹信而柔，今廼能如此。」光武聞之，笑曰：「吾治天下，亦欲以柔道行之。」然則履虎尾而不咥者，亦唯以柔道行之而已。列子曰：「順之則喜，逆之則怒。凡有血氣者皆然。逆而犯之，未有不怒者也。故養虎之法，不敢以生物與之，爲其殺之之怒，不敢以全物與之，爲其决之之怒。時其饑飽，達其怒心。虎之與人異類，而媚養己者，順也。順者，固不使之怒，亦不使之喜。夫喜之復也，必怒；怒之復也，常喜，皆非中也。」馴之以順，調之以中，乃所謂柔履剛之道，雖猛虎亦可化爲仁焉。

三陰居陽而凶，四陽居陰而吉，无他，一逆一順也，是謂迎隨。迎者，迎其方來，逆而犯之，故未免咥人之凶。隨者，隨其方去，順而從之，故終得愬愬之吉。彖傳曰：「説而應乎乾。」明非兑履乾，亦非乾履兑。説而健，和而嚴，喜怒不形，順逆兩化。萬物爲一體，異類皆同儕，何虎尾之不可履也？或曰：四承「夬履」之五，安得不懼？然則人臣之事暴君，其猶「履虎尾」與？誠得其道，又何暴君之不可事哉？卦之始終本末，惟上與初。復之「元吉」在初，所以開其先也。履之「元吉」在上，所以善其後也。君子不以隱顯異心，亦不以窮通改節。「獨行願」者，初之窮居不損；「大有慶」者，上之大行不加。自始至終，猶〔一〕本及末，視履於上，一如素履於初，則履道成矣。上九所謂「其

〔一〕猶，四庫本作「由」。

旋」者，以此天道盤旋，不愆於素。故履初曰「素履」，上曰「旋」、「考祥」者，祥有善惡未定之名，繫以元吉，則大善，而无纖介之惡矣。復起於初，履成於下，故曰：「復，德之本；履，德之基。」[一]本在初，基在下。成於上者，未有不基於下者也。

[一] 繫辭。

卷二

「九二，包荒，用馮河，不遐遺；朋亡，得尚與中行。」荒，古作巟。說文云：「水廣也。」又大也。「包巟，用馮河」，水之廣且大者，莫如河，非包巟之象與？王弼訓巟爲穢[一]，失之。荒，漢隸皆作巟，見孝廉柳敏碑。又堂邑令費鳳碑云：「大巟无射之月。」則知「荒」古皆作「巟」矣。愚謂：廣大爲巟。包巟者，包容廣大。廣大者，聖人主泰之心。故象曰：「『包荒』、『得尚於中行』，以光大也。」正大光明，「包荒」之義盡矣。太玄曰：「淵潢洋包无方。」馮河者，包巟之象，非「暴虎馮河」之謂也。果斷剛决，奮發改革，是王安石熙寧之政，適足以亂天下而已。莊子曰：「河潤九里。」九者，乾陽之數。河發源於西北，從乾位來。九二適當其位，故取象於河。

〔一〕王弼周易注：「能包含荒穢，受納馮河者也。」

「武王不泄邇，不忘遠。」〔一〕謂不泄狎近賢，不遺忘遠善。〔二〕不遐遺者，不忘遠也。邇莫邇於朋，謂初、三兩陽，二與之比，所謂密友。親、賓二，若以爲朋而泄狎之，則非大公至正之道矣。朋亡者，不泄邇也。古无朋黨之名，訓朋爲黨，失之。解二陽爲朋而不相比，朋之遠者也；泰三陽爲朋而相比焉，朋之邇者也。故解四「朋至」，泰二「朋亡」，坤「喪朋有慶」，音羌。復「朋來无咎」，亦若是而已。坤羣陰爲朋，故欲其喪；復一陽无朋，故欲其來。此易之所以取象於朋也。豫四一陽无朋，與復初同義；蹇五二陽爲朋，與解四同義；咸四三陽爲朋，與泰二同義。而咸四不中不正，故有「朋從」之戒，不若泰二之正大光明。詩曰：「景員維河。」言景大員均，如河之潤，無所不包，此馮河之象也。

否之象傳曰：「内小人而外君子」，然則内三爻皆小人矣。否初象辭曰：「拔茅貞吉，志在君也」。王注云：「志在君，故不苟進。」豈有小人而能不苟進者哉？自古小人、君

〔一〕孟子離婁下。

〔二〕趙岐孟子注：「泄狎，邇近也。不泄狎近賢，不遺忘遠善。近謂朝臣，遠謂諸侯也。」

子皆志在君者也。小人而志在君，則必長君逢君，其志從君不從道；君子而志在君，則必匡君拂君，其志從道不從君。故否、泰初爻皆以「拔茅」取象，泰初君子爻，繫以吉，喜之也；否初小人爻，繫以貞，戒之也。言能如是，則爲君子貞；不如是，則小人吉而已。否二爻辭所謂「小人吉」者，以此。

象傳曰：「否之匪人，不利，君子貞」。然則外三爻皆不利矣，而九四爻辭曰：「有命无咎，疇離祉。」何謂也？疇，與儔通，蓋謂儔匹，指外三陽。太玄曰：「陰窮大泣，陽无介，儔離之劇。」同一陽也。无介則儔離劇，有命則疇離祉。劇言惡，則祉言善矣。

有命者，天之命與？非也。春秋之義，有君命則書，非君命則不書。九五，中正居尊，有命者，五之命也。否、泰皆人爲之，非天命之。唐開元用姚崇、宋璟，而天下大治，疇離祉也；天寶用李林甫、楊國忠，而天下大亂，儔離劇也。當天寶之初，張九齡猶在位，而志不行，非所謂「陽无介」與？无介者，謂无助也，一君子豈足以勝小人哉？否至四而君子之志行，故至上而小人之否傾焉。上之傾否，實本於四之志行，四之志行也，九五大人之所以吉也。故曰：「有命无咎，疇離祉。」爻言有命，象言志行者，隱居以求其志，行義以達其道，此之謂「志行」。小人，從君者也，焉能行？故君子尚志。

「九五，休否，大人吉；其亡其亡，繫於苞桑。」説者謂：「苞桑言其固」，非也。諸侯亡國，自稱喪人，桑之言丧也。「繫於苞桑」者，喪亡之象也。古者虞主用桑，練主用栗。栗者吉，主練，祭以之；桑者喪，主虞，祭以之。既練而埋，故曰桑主。不文則桑，非吉祥明矣。苞，謂櫱餘，亦柔脆之物，故詩云：「苞有三櫱，莫遂莫達。」何固之有？「南方有鳥焉，名曰蒙鳩，以羽爲巢，而編之以髪，繫於葦苕，風至苕折，卵破子死，巢非不完也，所繫者然也。」〔一〕繫苞桑，猶繫葦苕焉爾，若曰：危哉危哉！喪亡其將至哉！湯誓曰：「時日曷喪？予及汝皆亡。」鄭康成謂：「桀見民欲叛，乃自比於日，曰：『是日何嘗喪乎？日若喪亡，我與汝亦皆亡』。引不亡之徵，以脅恐下民也。」康成此解，雖與孟子不同，然實有至理。孟子斷章取義，非正義也〔二〕。然則无道者引不亡之徵，故自比於日；有道者

〔一〕荀子勸學篇。

〔二〕孟子梁惠王上：「湯誓曰：『時日害喪，予及女皆亡。』民欲與之皆亡，雖有臺池鳥獸，豈能獨樂哉！」

抱其亡之恐，故自比於桑。日者，實也；桑者，喪也。觀彼之凶，則知此之吉矣。故曰：「危者，安其位者也；亡者，保其存者也；亂者，有其治者也。」一説：休否者，世亂思治，民勞思休，苞桑沃若其下，可以休焉。詩云：「菀彼桑柔，其下侯旬。」菀，茂貌；旬，言陰均，人庇廕其下者，均得其所。賈逵云：「桑者，木中之衆。」禮「世子生三日，射人以桑弧，射天地四方」者〔一〕，取其長大，能統衆也。故曰：「繫於苞桑。」苞桑而云繫者，周官以九兩繫邦國之民〔二〕。繫民必以信，不信，雖固結之，涣然離矣。故曰：「人之情，不能愛其所疑。」〔三〕今夫行者，見大樹必解衣懸冠，倚劍而寢。其下大樹，非人之情親知交也，而安之若此者，信也。惟其信之，故能繫之。惟其繫之，故能休之。昔者太王去邠，邠民信而從焉。由是亡國而得國，无民而有民。雖去邠，而復興於岐山之下。故曰：「其亡其亡，繫於苞桑。」春秋：「紀侯大去其國」。穀梁傳曰：「大去者，不

〔一〕禮記内則：「三日，卜士負之，吉者宿齊朝服寢門外，詩負之，射人以桑弧蓬矢六，射天地四方。」

〔二〕周禮天官大宰：「以九兩繫邦國之民，一曰牧以地得民，二曰長以貴得民，三曰師以賢得民，四曰儒以道得民，五曰宗以族得民，六曰主以利得民，七曰吏以治得民，八曰友以任得民，九曰藪以富得民。」

〔三〕呂氏春秋慎行論。

遺一人之辭也。言民之從者，四年而後畢也。」誠如是，則與太王去邠何異？紀侯安得亡哉？

「六二，同人於宗，吝。」舊説謂：「應在乎五，唯同於主。用心偏狹，鄙吝之道。」〔一〕後儒從之，且爲之訓曰：「宗，黨也。」〔二〕謂二同於五，爲黨也。獨不思「二人同心，其利斷金。同心之言，其臭如蘭」〔三〕。二、五交孚，君臣一德，何吝之有？卦辭云：「同人於野，亨。」乾爲野，互巽爲同。二上同於乾，中正而應，亨通之義也，則又何説而取吝哉？易之取象，各以其類，同人曰野、曰門、曰宗、曰陵、曰墉、曰郊，則宗非黨明甚。按禮記檀弓鄭注：「宗在廟門内之西牆」〔四〕。然則宗猶墉也，三之象，與四與二僅隔一墉，四欲同與二，而三爲墉以隔之，故曰：「乘其墉」。二應五而比三，三在内卦之上，有門

〔一〕王弼注：「應在乎五，唯同於主。過主則否，用心偏狹，鄙吝之道。」
〔二〕伊川易傳：「宗謂宗黨也。」
〔三〕繫辭。
〔四〕禮記檀弓鄭注：「毀宗，毀廟門之西而出，行神之位在廟門之外。」孔疏：「云『毀宗，毀廟門之西而出』者，廟門西邊牆也。」

内西牆之象，同人於門内，未爲大同。二不同於五而同於三，則吝之道也。三爲離火，惡人，二與之比，故有戒辭焉。京氏謂：「少者爲多之所宗。」大有六五爲宗，則同人以六二爲宗矣。六五得尊位大中，六二雖得位得中，小而位卑，故吝。其説亦通，當兩存之。京氏曰：「火土見金，二氣雖同，五行則悖。吉凶之兆，在乎二五。」〔一〕愚謂：同人象革，皆火承金。六微旨大論言：「承氣有六，金位之下，火氣承之，亢則害，承乃制。」謂金亢則傷於燥，火制金，使不至於亢，同人之象也。先號後笑，克用大師。言金之遇火，以相克者相成。故象曰：「大師相遇，言相克也。」五之與二，大言陰與陽，小言夫與婦。乾位西北，亦非純金，金畏火，故先號。然非純金，而兼壬水，水牡火妃，婚而就火，其意樂火，故後笑。説本素問、難經，存以備攷。一説得儁曰克，謂克三也，言相克者，曾不興師徒以言而已矣。所謂同心之言，以此。春秋：「齊侯取運」。何休曰：「以言語取之。」

〔一〕京氏易傳同人：「火上見金，二氣雖同，五行相悖。六爻定位，吉凶之兆，在乎五二。得時則順，失時則逆。陰陽升降，歲月分焉。」

「九三，伏戎於莽，升其高陵，三歲不興。」草冬生不死者名曰宿莽，陵謂山陵。離騷云：「朝搴阰之木蘭兮，夕攬洲之宿莽。」王逸注云：「阰，山名；搴，拔也。水中可居者曰洲，言旦起升山采木蘭，上事太陽也。夕入洲渚采宿莽，下奉太陰也。」然則陰爲宿莽，坤伏乾中，是謂太陰，太陰指二陽爲高陵，乾位天德，是謂太陽，太陽指五，伏於宿莽以窺二，升其高陵以望五。故象曰：「敵剛也。」離爲伏戎，乾爲大師，地中有水，得乾中畫可謂之師，未可謂之大師。離陰在中，故稱伏，伏則安能興乎？至三歲而大師興，伏戎散矣。故象曰：「安行也」。虞氏云：「爻在三，乾爲歲。」故稱三歲。

大有初九：「无交害。」隨初九：「交，有功」交皆謂上下交。大有、隨初皆敵，應敵亦曰交，有功斯有害，是故「愛惡相攻而吉凶生，遠近相取而悔吝生，情僞相感而利害生。」〔二〕謂近相比，遠相應，情生利，僞生害。相感則相取，相取則相攻，所謂交之害者，如此。晉文欲納王，筮之，遇大有之睽，曰：「吉，遇『公用享於天子』之卦，戰克而王

〔二〕繫辭。

饗，吉孰大焉？」古享、饗通。大有九三有功而王饗，故有此象。占曰：「小人弗克。」言君子有功，小人有害。故象曰：「小人害也。」占者視其人以定吉凶。初九之交也，雖无功，亦无害，故曰「无交害」。初交四，四不正，疑有害，然四「匪其旁」，惟其正，古旁、彭通。詩云：「祝祭於祊。」祊謂門旁，故祊从示，从旁省。祊，説文作鬃，然則祊或從彭，或从旁省，其義一也。王注彭作旁，必有據矣。謂旁行而不流，故不失其正也。其才明，明生正，初雖交四，四不害初，豈非以其正乎？三有功，兼有害，初與三非比非應，故无交亦无害者，以此。隨初亦交四，四亦失正，而初在道者也。震爲大塗，故曰「在道」；四與之交乎，故曰「有孚」，則初有功於四矣。初，震之主，震動則明，雷在地中，嚮晦入息，雷出地上，蟄蟲昭蘇。蓋明則動，動則明，故雷電相應，明動相資。初之有功於四者，以其明也。故象曰：「有孚在道，明功也。」必離而後爲明，失之固矣。凡陽皆明，離陽附於陰，故麗而明；坎陽陷於陰，故幽而明；艮陽止於上，故定而明；震陽起於下，故動而明。明莫盛於乾，故曰大明。自此退於巽，掩於兑，而滅於坤。

象曰：「地中有山，謙。」説者謂：「山至高而地至卑，乃屈而止於下。」〔二〕非也。象曰地中，不曰地下。見乃謂之象，地下有山，其誰見之？於是學易者謂易有虛象，妄矣。六十四卦皆實象，安得虛？聖人曷爲設此虛象以惑人哉？重乾而象曰「天行」者，天行不息，故上下皆天；重而象曰「地勢」者，地勢不平，故高下皆地。然則天中有地，地中有山，地在天中，僅一點耳。山在地中，亦不過一抔土、一拳石而已。方存乎見少，又奚以自多？此謙之情、謙之義、謙之象也。太玄以少象謙，得之矣。若云：至高而屈於至卑。无論其无此象，即有此象，而意中先作一高之想，復設一卑之形，又抱一屈之憾，何謙之有乎？此不知易象，亦不知地理者也。晉陳遵善於地理，使人打鼓遠聽之，知地勢高下。〔三〕地勢西北高而東南下，故西北之地，崑崙最高。太史公曰：「禹本紀言：河出崑崙，其高二千五百餘里，日月所相避隱爲光明也。今自張騫使大夏，窮河源，烏睹所謂

〔二〕朱熹周易本義。
〔三〕水經注江水：「江陵城地東南傾，故緣以金堤，自靈溪始，桓温令陳遵造，遵善於方功，使人打鼓遠聽之，知地勢高下，依傍創築，略無差矣。」

崑崙者乎？」〔一〕地最高爲崑崙，猶天最高爲北極。北極不可見，故崑崙亦不可見。欲求其地，以陳遵打鼓法求之，即得之矣。説者謂：地无崑崙，亦可謂天无北極。此不知地理，并不知天文，焉知易象哉！最高者，地中也。北極爲天中，崑崙爲地中，夫以穹隆之山而托體於廣大之地，逼而視之，非不穹隆也。遠而望之，曾不及培塿，乃謂山至高、地至卑，豈其然乎？君子觀地勢不平之象，故多者利用裒，少者利用益，則物得其平矣。書云：「滿招損，謙受益。」〔二〕多莫多於滿，裒者，滿之招；寡莫寡於謙，孤、寡、不穀，自謙之稱。益者，謙之受。一裒一益，乃天道、地道、人道、鬼神之道也。「裒，鄭、荀、董、蜀才皆作『捊』，取也。字書作『掊』，廣雅云：『掊，減也』。」謂抔其多、益其寡。愚謂：裒，斂也。多則斂之，寡則益之。

「六三，盱豫，悔。」盱，訓爲大。漢書谷永傳「廣盱營表。」晉灼曰：「盱，大也。」

〔一〕史記大宛列傳：「太史公曰：禹本紀言：河出崑崙。崑崙其高二千五百餘里，日月所相避隱爲光明也，其上有醴泉、瑤池，今自張騫使大夏之後也，窮河源，惡睹本紀所謂崑崙者乎？」

〔二〕僞古文尚書大禹謨。

音吁。」初應四，故「鳴豫」；三承四，故大豫。説文云：「盱，張目也。」亦張大之義。翕目爲冥，古瞑字俗作眠。張目爲盱。上六「冥豫」與六三「盱豫」相反，一翕一張，皆不可長，故上「成有渝」，三「遲有悔」，而上獨繫以「无咎」者，内視反觀，改過之漸。无咎者，善補過，故不言悔。其象爲事有成，成有變，變有渝，渝无咎。説者以「冥豫」爲昏冥不反〔二〕，安得有渝且无咎乎？樂不可極，故大豫悔生。變則得正，與上相應，故不言凶。凡象言窮，皆指上。豫之窮凶不在上，而反在初者。初臨世，上應四，故意得而鳴極。豫盡樂在初，而不在上也，王注失之。豫本震卦，初變爲豫，小人臨世，故六爻初獨凶。升極則消，豫極則變。故豫上「无咎」，升上「利貞」，而皆曰「冥」者，陰稱冥，「先迷失道，後順得常」〔三〕也。

〔二〕伊川易傳：「而當豫極之時，以君子居斯時，亦當戒懼，況陰柔乎？乃耽肆於豫，昏迷不知反者也。在豫之終，故爲昏冥已成也。若能有渝變，則可以無咎矣。」

〔三〕坤文言。

「九四，由豫。大有得，勿疑。朋盍簪。」笄以聚髮，兼以固冠，古曰笄，漢曰簪〔一〕。說文作：「旡，首笄也。」言今之簪即古之笄明。簪起於秦、漢，古旡字訓爲連〔二〕，不訓爲聚，非聚髮之笄。何以知之？三傳、三禮及先秦諸子之書皆言笄，不言簪。惟一見於士喪禮：「復者一人，以爵弁服簪裳於衣〔三〕。」注云：「簪，連也。」〔四〕謂衣、裳殊，復者連衣裳，不殊之。及其襲也，則云：「鬠笄用桑。」鬠謂會髮，仍言笄，不言簪，則簪非聚髮之笄，明矣。鹽鐵論神禹治水，遺簪不顧〔五〕。此漢人之說，不足據也。古易簪作戠〔六〕，與得協，宜從之。禹貢「赤埴」，鄭本尚書埴作戠，孔疏云：「戠、埴音義同。」考工記「摶埴之工」。〔七〕然則合土之工爲摶埴。戠者，合也。盍戠、盍簪，皆連合之義，或依晉易

〔一〕禮記内則鄭玄注：「笄，今簪也。」

〔二〕釋名釋首飾：「簪，兓也，以兓連冠於髮也，又枝也，因形名之也。」

〔三〕簪裳於衣，底本作「簪衣於裳」，據四庫本及儀禮士喪禮改。

〔四〕鄭玄注。

〔五〕鹽鐵論相刺：「文學曰：禹⿺辶鹿洪水，身親其勞，澤行路宿，過門不入。當此之時，簪墮不掇，冠挂不顧。」

〔六〕虞翻本作「戠」。

〔七〕周禮冬官考工記：「凡攻木之工七，攻金之工六，攻皮之工五，設色之工五，刮摩之工五，摶埴之工二。」

作簪，亦可。蓋言連合友朋則近於黨，故九四未免於疑。召公猶疑周公，周公安得不恐懼乎？爻言「勿疑」，猶「勿貳」。行之以誠，毋貳爾心，則志大行也。爻言得，又言疑，象言志。得謂其志得，疑謂其志疑，爻、象互相明，學者尤當玩。大都疑國，大臣疑主。四多懼，近也，疑則安能无懼哉？

「初九，官有渝，貞吉。出門交，有功。」「九四，隨有獲，貞凶。有孚在道，以明，何咎？」初剛來下柔，内卦之主，故稱官。六二乃門内之人，九四敵應，其同德也。初能近舍門内之交，而遠交同德，則貞吉而有功。陽爲明，震爲道，初、四交孚，二陽相合，何事之不可成？何功之不可建？故初曰「有功」，四曰「明功」。陽明陰暗，陰道无成，陽能幹事。象言「明功」者，以此。三稱得，四稱獲，三求四，四獲三，皆非其正，故曰：「其義凶也」。隨家陰隨陽，陰不能獨立，故陰爲陽所牽，陽爲陰所係。隨三陰皆稱係，謂係於陽。其係也，或係初，或係四，或係五，其心不專，其係亦不固，故象曰：「弗兼與」。又曰：「志舍下」。言係此則失彼，係上則舍下，惟其所擇，而无適從，皆未盡係之之道者也。至上而窮，獨係於五，其心專，其係固。非徒係之，又拘而維之，其結綢繆而不可解，雖弓膠昔幹不足以喻焉。苟无禮義忠信誠慤之心以涖之，焉能使係之之固至於是哉？此大王遷於岐山，豳民從之之象也。故曰：「王用亨於西山。」周之王也，始基之矣，故稱王。王指五，象言窮者，謂係之之道至此而盡，亦至此而極矣。兑陰揜陽，故兑五孚於剥；隨陰從陽，故隨五孚於嘉，陰爲剥，陽爲嘉也。

「上九，不事王侯，高尚其事。」蠱者，事也，故六爻皆言事，獨上九一爻，「高尚其事」，言非无事，亦非在事外。其事在千古，不屑屑於一國、一家之事，所謂「貴而无位，高而无民」〔一〕也。貴者天爵，位者人爵。上九有天爵、无人爵。王弼謂初、上无陰陽正位，誤矣。无爵位，故亦无民人。説者謂：乾无陰，故无民。〔二〕如其説，則乾五亦无民，豈獨上乎？聖人作而萬物睹，首出庶物而萬國寧。萬物、萬國，皆民也，孰謂乾无民哉？乾

〔一〕繫辭。
〔二〕周易集解：「虞翻曰：『无陰，故无民也。』」

上有悔者，亢也。高而不亢，何悔之有？大有、大畜之上九皆曰「尚賢」，豐上无人，无賢人也。則上九一爻，誠非賢人不足以當之矣。易尚賢人，尤重高人，故位於王侯之上，而加以高尚之名。太玄羨首之上九曰：「高人吐血。」猶詩云：「碩人之軸。」蓋言病也。至戰國而妾婦之道盛行於天下，於是世无高尚之人矣。其時有好事者，造爲太公誅狂矞之說，韓非稱之曰：「海上有賢者狂矞，太公望聞之，往請焉，三却馬於門，而狂矞不見也，太公望誅之。周公旦曰：『狂矞，天下之賢者也，夫子何爲誅之？』太公望曰：『狂矞不臣天子，不友諸侯，吾恐其亂法易教也。故以爲首誅。』」〔一〕夫不臣天子、不友諸侯，正所謂「不事王侯，高尚其事」者，安得謂之亂法易教？而聖人作易，曷爲而倡此亂法易教之辭？太公望之賢，或不及周公之聖，然亦何至悖戾若此哉？韓非又謂：「伯夷、叔齊者，武王讓以天下而弗受，二人餓死首陽之陵。不畏重誅，不利厚賞，不可以罰禁，不可以賞使，此之謂无益之臣。當以太公誅狂矞者誅之。」〔二〕然則韓非之死晚矣，世稱李斯

〔一〕韓非子外儲說。
〔二〕韓非子奸劫弑臣。

妬而殺之，非也。漢有商山四人者，其高尚猶周之二老，司馬温公修通鑑，削而去之，豈非通人之一大惑乎？

「初九，咸臨，貞吉。」「九二，咸臨，吉，无不利。」臨无咸象，而初、二兩爻皆繫以咸，何也？臨、觀反對，故曰：「臨、觀之義，或與或求」〔一〕。二陽在上，羣陰觀之，爲求；二陽在下，羣陰從之，爲與。凡易言與者，皆相與也。臨三比二，而相與於二；臨四應初，而相與於初；臨五應二，而相與於二；臨上非比、非應，而志在内之二陽，大過象辭所謂「過以相與」者，亦見於此。故臨謂之與，言羣陰皆從陽也。无心之感爲咸，今夫鼓琴者按暉〔二〕求之，七弦无不相應，然猶一琴而已，試以兩琴廢一於堂，廢一於室，鼓宫宫動，鼓角角動，无心之感也，有心之感不靈。「雲從龍，風從虎。」龍无心於雲，而雲從龍；虎无心於風，而風從虎，非感之至靈者乎？鳳飛，而羣鳥從之者萬數，鳳无心

〔一〕雜卦。
〔二〕暉，四庫本作「徽」。

於羣鳥，而羣鳥從焉。琥珀拾芥，磁石引鍼。物類之无心而相感有如此者，故天地无心而感萬物，聖人无心而感萬民，此卦之所以名咸也。臨之初、二兩爻，亦无心而感羣陰，羣陰莫不從之，故皆繫以咸、臨者以此。然則臨二象辭所謂「未順命」者，何哉？周官有師氏、保氏，兑講習，臨教思，師保謂之臨，故曰：「无有師保，如臨父母。」〔二〕臨之二陽有師保之象。「未順命」者，言師保君之所受教，而非奉令承教於君者也。古「未」與「非」同義，吕氏春秋：「未无知也，猶非无知也」。

「六三，甘臨，无攸利；既憂之，无咎」。説文：「甘，美也，从口含一。一，道也。」愚謂：陽一陰二。一陽也，復二比初，臨三比二，皆有含一之象，故六二「休復」，六三「甘臨」。休與甘，皆美也，則宜皆利矣，乃復二吉，而臨三无攸利，何哉？象曰：「位不當也。」蓋以「甘臨」未爲不美，美而无攸利者，失位使之然，本非其咎也。王弼謂：「甘者，佞邪説媚不正之名。」誤矣。「甘臨」猶「甘節」，一當一不當，非皆以其位

〔二〕繫辭。

乎？甘節者，當位以節；甘臨者，失位以臨，則其无攸利也宜哉！然人情喜甘而惡苦，臨三正當兑口，故稱甘。有喜而憂，何咎之有？且「既憂之」，雖有咎，亦不長矣。故節三之嗟、臨三之憂，皆當兑口，爻皆繫以无咎者，以此。佞邪説媚不正之小人，安得无咎？而説媚之人，又安得有憂之象也？易重時與位，非其時、无其位，則仲尼爲旅人，畏於匡、絶糧於陳、微服於宋，固无攸利矣，然而何損聖人之德？故凡易言「无咎」者，皆君子也。

「六五，知臨，大君之宜，吉。」知臨者，非耳目知〔一〕巧之謂也，故曰：「何以知其聾？以其耳之聰。何以知其盲？以其目之明。何以知其狂？以其言之當。」〔二〕有所不聞則聰，有所不見則明，有所不知則知〔三〕。去三者則治，任三者則亂，豈非以一人之耳目知〔四〕

〔一〕四庫本作「智」。
〔二〕吕氏春秋、論衡。
〔三〕知，四庫本作「智」。
〔四〕知，四庫本作「智」。

巧爲不足恃乎？今夫爲車者，數官然後成，爲國豈特爲車哉？衆知〔一〕衆能之所合而成也。大君臨朝，千官奔走，莫不盡其巧、畢其能，故大君之所不能也，乃能之；大君之所不知也，乃知之。恭己修德，而天下化成矣。然則大君无爲，故能使衆爲；大君无能，故能使衆能；大君无知〔二〕，故能使衆知〔三〕。且天下至大也，一人至寡也，而恃一人之耳目知〔四〕巧，欲以周乎天下焉。往而不窮，窮而反以自多，此之謂重塞之主，孔子恐人以耳目知〔五〕巧爲知臨也，故特爲之揭其義曰：「大君之宜，行中之謂也。」〔六〕其示人者切矣。極者，中也。極爲天樞，極星雖動，天樞不移，天之中也。洪範曰：「皇建其有極。」建極所以行中。繫辭曰：「易有大極。」大中，謂之大極。六五得中，九二應之，以剛不自用而用人，故其象如此。用中於民，舜之大知，漢明察察，其知小矣，況作聰明以亂舊章者乎？是故

〔一〕知，四庫本作「智」。
〔二〕知，四庫本作「智」。
〔三〕知，四庫本作「智」。
〔四〕知，四庫本作「智」。
〔五〕知，四庫本作「智」。
〔六〕象辭。

有道之君，用其中以涖民，而不言知〔一〕能聰明。知〔二〕能聰明者，下之事也，所以用知〔三〕能聰明者，上之道也。握萬物之原，官諸生之職，舉而得其人，坐而收其福。一行中，而大君之宜盡矣。

「六四，觀國之光，利用賓於王。」四謂之賓，何也？蓋聘賓也，虞翻注引詩：「莫敢不來賓。」齊魯韓三家詩。則四爲頫聘之賓矣。故象曰：「尚賓。」古尚、上通。明聘賓有介，上賓謂正使之賓，國之卿也。何以知之？以聘禮知之。聘禮記：「歸大禮之日，既受饔餼，請觀。訝帥之，自下門入。」請觀者，觀國之光也。曷爲謂之光？春秋傳吳季札聘魯，而請觀於周樂，得聞十五國之風、雅、頌及六代帝王之樂，見舞韶箾，而有觀止之歎焉。〔四〕晉韓宣子聘魯，而觀書於太史氏，見易象與魯春秋，然後知周公之德與周之所以

〔一〕知，四庫本作「智」。
〔二〕知，四庫本作「智」。
〔三〕知，四庫本作「智」。
〔四〕詳見左傳襄公。

王者，盡在於書。〔一〕古者請觀之禮如此，此之謂國之光。陳厲公生敬仲，使周史筮之，遇觀之否。謂四爻變爲否，乾風行箸〔二〕土，而照之以天光，故在異國。光，遠而自他有耀者也。然其言曰：「庭實旅百，奉之以玉帛，天地之美具焉。」〔三〕庭實雖多，玉帛雖美，不過國之財賄而已，曷足謂之光？而以此區區爲天地之美乎？周史之説陋矣。孔子觀禘，禘之灌也，威儀最盛，故子欲觀之，〔四〕威儀亦國之光也。適齊聞韶〔五〕，重華協帝〔六〕，光被四表，格於上下〔七〕，其光皆見於韶與？若夫陳庭之楛矢〔八〕、楚江之萍實〔九〕、周廟之欹器〔一〇〕，孔子亦觀焉，均未足謂之光也。聘賓請觀而訝帥之，三與四比，訝之象與？觀光者自門而入，得

〔一〕詳見左傳昭公二年。

〔二〕箸，四庫本作「著」。

〔三〕詳見左傳莊公二十二年。

〔四〕詳見論語八佾。

〔五〕詳見論語述而。

〔六〕詳見尚書舜典。

〔七〕詳見尚書堯典。

〔八〕史記孔子世家：「有隼集於陳廷而死，楛矢貫之，石砮矢長尺有咫。」

〔九〕詳見孔子家語致思。

〔一〇〕韓詩外傳：「孔子觀於周廟，有欹器焉。」

其門者或寡矣。初之「童觀」，二之「闚觀」，皆所謂「不得其門而入，不見宗廟之美、百官之富」〔一〕者也。聘日歸大禮，自聘至私覿凡十餘節，蓋至日中而後禮成。又有受饔餼之禮，既受饔，又祭其祖、禰，如饋食，則日莫人倦可知〔二〕。而汲汲於請觀者，蓋以大觀在上，故急欲觀其盛焉。「孔子入太廟，每事問」〔三〕者，亦以此。說者謂：「使者公事未畢，而私爲道觀。」且以聘禮記爲誤〔四〕，失之甚矣。請觀者，先請而後觀，不與受饔同日也。請者，請於主君，在受饔之後。觀則異日，可知。禮、樂、詩、書，光於千古；威儀辭氣，光在一身。觀者，觀諸此。然則上九曷爲而曰「志未平」？觀有山岳之象，安得平？志未平者，中正以觀天下，貴而不驕，高而不亢與？京房易傳曰：「經稱：『觀其生。』」〔五〕言大臣之義，當觀賢

〔一〕論語子張。
〔二〕詳見儀禮聘禮。莫，四庫本作「暮」。
〔三〕論語八佾。
〔四〕元敖繼公儀禮集說：「歸大禮之日，即聘日也。是日所行之禮，自聘以至於介之私覿，凡十餘節，以大槩言之，亦必至於日幾中而後畢。既而又有受饔之事，已受饔，又以祭其祖禰，如饋食之禮。由是觀之，則日暮人倦可知矣。乃復請觀，何哉？且問卿之公事未舉，而私爲道觀，亦非禮也。此記必誤矣。」
〔五〕京氏易傳：「易云：『觀我生』。」

人，知其性行，推而貢之」。

「六二，噬膚，滅鼻，无咎。」孔疏謂：「膚是柔脆之物。」故後儒從之云：「祭有膚鼎，肉之柔脆，噬而易合者。」〔一〕如其説，則安得有滅鼻之象乎？噬膚滅鼻，猶易林所謂：「餔糜毁齒，失其道理」者也。言糜粥不毁齒，猶膚肉不滅鼻，故曰「失其道理」。易之取象，豈若是哉？愚謂：噬膚，猶剥牀以膚切近災者，故象曰：「乘剛也」。按漢書哀帝册勉其舅丁明曰：「有司致法將軍，請獄治，朕惟噬膚之恩，未忍。」〔二〕顔師古云：「噬膚者，言自齧其肌膚，明乃恭后之親，有肌膚之愛，不忍加法也。」六二，切近初，故象噬膚。君子之用刑也，有不忍之心，故六三「小吝」，九四「艱貞」，六五「貞厲」，皆有戒辭焉。六二體柔而中正，用刑於初，加〔三〕自齧其肌膚。初剛，小人也，故痛懲而大戒之。至於滅鼻，其傷甚矣，而其占无咎者，蓋其用刑雖不若九四如矢之直、六五如金之

〔一〕朱熹周易本義：「祭有膚鼎，蓋肉之柔脆，噬而易嗑者。」
〔二〕漢書佞幸傳。
〔三〕加，四庫本作「如」。

明。斷獄无取於剛，金言明也。內經曰：「金發而清明。」故廣雅以清明爲金神。〔二〕禮器曰：「金次之見情也」。注云：「金炤物。」言能照見其情。故六五爻辭曰：「得黃金」。五體離而得中，黃言中、金言明也。然其不忍人之心，雖異體，而有肌膚之愛，故服辠受刑之人，至於傷其息主，而終无怨心。其占无咎者，以此。噬嗑四互坎、艮，艮爲膚爲鼻，鼻没坎，水中隱藏不見，故有此象。一說膚微脆，鼻堅强，以微脆之形，陷堅强之體，積漸使之然。六二，乘剛之象也。初倒艮，象鼻；二柔如膚，而乘初，故其象如此。古有倒字，倒⿱巛子爲突。古作㐬。倒予爲幻，古作𠄔。然則卦有倒象，古矣。

「六二，賁其須。」須，當讀爲斑。按：禮玉藻云：「笏，天子以球玉，諸侯以象，大夫以魚須文竹。」隱義云：「以魚須飾文竹之邊」。須音斑，庾氏云：「以鮫魚須飾竹成文」。象傳曰：「賁，亨，柔來而文剛，故亨。」下卦本乾，柔自坤來文剛，而初剛不受飾，故二上文三。三互震，震爲蒼筤竹，而二來文之，魚須飾竹之象也。初應四，故義弗

〔二〕廣雅七耀行道：「金神謂之清明。」

受二飾；二比三，故二「與上興」，而三有「濡如」之象。説者謂：自三至上有頤象，二在頤下象須。〔一〕其説似是，然初象趾，二象須，須不當在趾上，失其義矣。賁爲雜色，雜色爲斑，孔子卜得賁，曰：不吉。〔二〕以其雜也，物相雜謂之文，故賁爲文象。傅氏云：「賁，古斑字，文章皃。」王肅讀如奔〔三〕，古奔、斑同音，故賁古作斑，通作般，假借字，見集韻〔四〕。然則賁與須皆可讀爲斑也。一説須訓動，爾雅有須屬〔五〕，須屬者，獸曰釁，人曰撟，魚曰須。釁者奮迅，撟者夭撟，須者鼓頤，皆狀其動皃，故象曰：「與上興。」興者，動之象，言二隨三動，其占在三，三吉則二亦吉矣。故三有「永貞」之戒，而二不言吉凶。

〔一〕厚齋易學載爲王景孟之说。
〔二〕吕氏春秋壹行：「孔子卜得賁，孔子曰：不吉。」
〔三〕周易注疏：「王肅符文反，云：『有文飾，黄白色。』」
〔四〕集韻：「辬、斑、辩、賁，説文駁文也，或作斑，斑古作賁，通作般。」
〔五〕見爾雅釋獸。

「上九〔一〕，白賁，无咎。」白者，五色之一色，非无色也。考工記：「畫繢之事，後素功。」謂畫繪之功，素在後。蓋皎皎者易污，故畫繪先布采，後加素，然後五色宣明。故曰素功，言功成於素也。子夏問詩「素絢」，孔子以「後素」解之，子夏遂因素而悟禮。〔二〕十室之邑，必有忠信〔三〕。以其不學禮，故雖有美質，而終不成。然則畫繪之功成於素，忠信之質成於禮。上九賁之成，故曰：「白賁，无咎。」後儒謂：白賁復於无色，似誤解。雜卦傳傳言：「賁无色。」非謂白无色也，无色則闇焉，得白乎？賁无色者，猶序卦傳所謂「致飾然後亨則盡」也。説文曰：「白，西方色，陰用事，物色白。从入合二。二，陰數。」〔四〕賁上一陽合二陰，所謂「分剛上而文柔」〔五〕者，安得謂之无色哉？物至西方則老，

〔一〕上九，底本作「无」，據四庫本及周易爻辭改。
〔二〕論語八佾：「子夏問曰：『「巧笑倩兮，美目盼兮，素以爲絢兮。」何謂也？』子曰：『繪事後素。』曰：『禮後乎？』子曰：『起予者商也，始可與言詩已矣。』」
〔三〕論語公冶長。
〔四〕説文解字：「白，西方色也。陰用事，物色白，从入合二，二陰數。凡白之屬皆从白。」
〔五〕彖辭。

書曰：「皤皤良士，仡仡勇夫。」[一]仡仡，言其壯；皤皤，言其老也。月白爲皎，日白爲曉，鳥白爲皠，人白爲皙，霜、雪白爲皚，艸花[二]白爲皅，玉石白爲皦，老人白爲皤。故賁四稱皤，賁上稱白，蓋西方之象若此。

「初六，剥牀以足」。「六二，剥牀以辨」。「六三，剥之[三]，无咎」。「六四，剥牀以膚」。「六五，貫魚以宫人寵，无不利」。巽木爲牀，故皆稱牀。辨爲分别，古文作釆，象指爪，故虞翻曰：「指間」。或曰足上，初爲足，二爲釆。牀第不踰閾，宫人之象，故六五稱「宫人」。太玄内首之次二曰：「邪其内主，迂彼黄牀」。測曰：「邪其内主，遠乃寧也。」黄牀象坤，陽主外，陰主内，故曰内主。初、二皆在内，而位下，非内主，乃宫人。又遠於上，故剥足、剥辨，猶未成災，至四切近，則災成矣。月暈於外，其賊在内，備其所憎，禍在所愛，此切近災之謂也。苟不遠之，則挾媚道，用奄變，至於酖毒扼昧，无所

[一] 尚書秦誓：「番番良士，旅力既愆，我尚有之。仡仡勇夫，射御不違，我尚不欲。」
[二] 花，四庫本作「蘤」。
[三] 今本周易無「之」字。

不爲，焉得寧乎？三居五陰之間，亦在「剥之」之列，而其占无咎者，應乎上也。宮闈之内，若見鷹鸇，衆女爭先，一人獨退反，觸羣陰之怒焉。象言「失上下」者，以此。六五比於上而獨親，故不稱剥。巽爲魚，陽包陰，故稱包陰；從陰，故稱貫。三與五皆陰，三失之，而五能以之，則五爲内主，衆陰皆從，明三亦在貫魚之次矣。五得中而承上，蓋内主之正者也。内主邪，利用遠；内主正，利用親。故曰：「以宮人寵，无不利。」坤爲輿，艮爲廬。上爲果，剥於上而復生於下者，果之象也。天地之心，亦於「碩果不食」見之。晉書后妃傳曰：「作配皇極，齊體紫宸，象玉牀之連後星。」剥取象於牀，以此。

「復，亨。出入无疾。」剛反故亨，反復故疾。疾，謂勝復之動，時有常而氣无定也。天有六氣，上三氣天主之，下三氣地主之。上勝而下病，下勝而上病，上勝則天降氣而下，故下病；下勝則地氣遷而上，故上病。一升一降、一出一入，而病生焉。勝復无常數，有勝則復，无勝則否，復已則病，不復則害，此傷生也。說者謂：有勝无復，復氣已衰，衰不能復，天真傷而生意盡矣。然有勝之氣，其必來復也。復「見天地之心」，蓋以此。勝有微甚，復有少多。復而反病者，居非其位，謂客居，主位則主勝之，故反病。一陽來復，爲主於内，居得其位，故无病〔一〕。虞仲翔謂：「入巽成坤爲疾，出震成乾故无疾」。其說得之。又云：「十二消息，不見坎象。」〔二〕非也。坎、離、震、兑，四正卦，十二消息皆不見，豈獨坎乎？老子曰：「萬物並作，吾以觀其復，夫物芸芸，各復歸其根，歸根曰靜，是謂復命。」陽復於初，所謂歸根復命也，何疾之有哉？彖傳曰：「剛反。」何也？老子曰：「反者道之動。」蓋言震也。

「六三，頻復，厲无咎。」頻，古作顰，水厓也，从頁从涉，一爲水顰之顰，一爲顰蹙之顰。故舊注云：「頻復，頻蹙之皃。」〔三〕後人別作濱字，爲水濱。而省顰作頻，爲頻頻之頻，訓爲比，不訓爲屢。屢，古作婁，後人加尸。何以知之？以法言及廣雅知之。法言曰：

〔一〕病，四庫本作「疾」。

〔二〕周易集解：「虞翻曰：『謂出震成乾，入巽成坤。坎爲疾，十二消息不見坎象，故出入无疾；兑爲朋，在内稱來，五陰從初，初陽正息而成兑，故朋來无咎矣』。」

〔三〕王弼注。

「頻頻之黨，甚於鷠斯。」言人之頻有如鳥之羣，故楚語曰：「羣神頻行。」注云：「頻，竝也，竝行。」猶羣行也。於文相背曰北，相从曰比，故廣雅云：「頻，頻比也。」蓋本法言而爲之訓，如其訓，則頻復者，比復也。比與獨對，初爲卦主，四得正而應初，故曰獨復，復而云獨者，言四、初相應，從道不從人也。三不中不正，遠初而比二。二近初而下之，故爻曰「休復」，象曰「下仁」。三不能獨復，比二而偕復也。逸周書謚法解云：「擇善而從曰比。」六三比二偕復，是謂擇善而從，故象言「義无咎」者，以此。如屢失屢復，則无恒之人也，无恒之人，繫以无咎，恐无是理。後漢吕布傳稱：「布性决易，所爲无常，其督將高順每諫曰：『將軍舉動，不肯詳思，忽有失得，動輒言誤，誤事豈可數乎？』」如屢失屢復，而繫以无咎，則吕布亦可謂之无咎矣，有是理哉？頻訓爲數，見於廣韻，不見經傳及先秦諸子、史、漢等書，僅一見於列子。黄帝第二篇：「汝何去來之頻？」蓋頻誤爲頻也。逸周書：「樂有三豐，豐有三頻。」三頻，猶三多也。晉孔晁訓頻爲數〔二〕，失之。列子爲後人

〔二〕逸周書孔注：「頻，數也。散，失也。」

所亂，焉足信乎？史記多俗字，頻〔一〕皆改作濱，惟六國表「秦靈公八年城塹河頻」仍作頻，不作濱。蓋表讀者少，故无人亂之。毛詩頻皆改作濱，惟「池之竭矣，不云自頻」〔二〕仍作頻，不作濱。後漢顯宗紀：「永平十七年，甘露仍降。」唐章懷注云：「仍，頻也。」〔三〕説文仍訓爲因〔四〕，仍舊謂之因，古未有訓仍爲頻者，乃後世方言，非古訓也。後漢鮮卑傳：「頻寇漁陽。」惟此一見而已。前漢武帝紀：「天漢元年。」應劭注云：「頻年苦旱。」〔五〕頻年猶比歲，漢書皆曰比歲，不曰頻年。頻訓爲比，起於西漢之末；頻訓爲數，起於東漢之末，遂行於晉，盛行於唐，古无是語，或曰據説文當依舊注爲允，蓋有過而頻蹙於外，則知其自訟於中。厲者，不安之貌，頻復之厲，猶不節之嗟，戚嗟其聲，頻蹙其色，皆狀其悔過之情，故皆繫以无咎。然則「頻巽吝」，何也？巽而頻，則巽非出於其志矣。謙卑遜順，

〔一〕頻，四庫本作「瀕」。
〔二〕毛詩召旻。
〔三〕後漢書唐章懷太子李賢注。
〔四〕説文解字：「仍，因也，從人，乃聲。」
〔五〕後漢書顏師古注：「應劭曰：『時頻年苦旱，故改元爲天漢，以祈甘雨』。」

豈可以聲音笑貌爲哉？故象曰：「志窮。」言志窮而頻蹙形於外也，繫之以吝，不亦宜乎？詩曰：「國步斯頻。」〔一〕毛傳曰：「頻，急也。」急猶蹙也，謂日蹙國百里也。

「上六，迷復，凶，有災眚。用行師，終有大敗，以其國，君凶。」復者，德之本，本在初，上其末也，坤爲先迷，上居其末，尤遠於初，故其象如此。德之本在身，故上六爻辭皆據人身取象。迷者，心也，心者，身之君也，神明之所出也。師者，肝也，肝者，身之將也，謀慮之所出也。用行師者，膽也，膽者，身之宰也，决斷之所出也。一心迷惑天君，亂矣，由是神明无主，謀慮不臧，决斷不果，天命弗祐，災害竝生，逆從倒行，亡神失國，則行師安得不敗？國君安得无凶哉？靈蘭祕典以人身十二藏爲十二官：「心者，君主之官；肺者，治節之官；肝者，將軍之官；膽者，中正之官；膻中者，臣使之官；脾胃者，倉廩之官；大腸者，傳道之官；小腸者，化物之官；腎者，伎巧之官；膀胱者，州都之官。此十二官者，不得相失也。君明則下安，以爲天下，則大昌；君不

〔一〕毛詩桑柔。

明，則十二官危，以爲天下者，其宗大危。」〔二〕君不明者，「迷復」之象；其宗大危者，「以其國，君凶」也。人身爲國，心爲君，衆官之所同宗。三官失其職，而心受其凶矣。十二官尤重三官，心爲主，而肝、膽輔之，此師之九二所以承天寵而懷萬邦，師之上六一將功成於是。開國承家，而奉大君之命焉。復之上六，三官失矣，故又有「十年不克征」之象，正與師上「大君」相反。故象曰：「迷復之凶，反君道也」。乾二有君德，師上有君道，復上反之，其心迷矣。迷而求復，雖復亦凶。易林復之繇曰：「三足无頭。頭，古音徒。不知所之，心狂精傷，莫使爲明，不見日光。」此上六「迷」之象與。

〔二〕見黃帝內經素問靈蘭秘典論。

卷三

「天下雷行，物與无妄。先王以茂對時育萬物。」虞仲翔曰：「萬物出震。」謂雷以動之。序卦所謂「復則不妄」也。愚按：漢郊祀歌十九章其青陽曰：「霆聲發榮，壛處頃聽，枯槀復產，迺成厥命。」物與无妄，厥命成矣。「衆庶熙熙，羣生嘫嘫。」徒感切。乾道變化，長子之功，帝出乎震，各正性命。「旉與萬物，靡有所屈。」无妄之化茂矣哉。先王以茂對者，謂對天也。詩曰：「對越在天。」〔二〕又曰：「敷天之下，裒時之對」。裒，聚也；時，是也；對，配也。謂配天也。諸儒讀爲對時〔三〕，失之矣。按潘岳秋興賦云：「四時忽

〔二〕毛詩清廟。
〔三〕毛詩正義、詩集傳等均爲「對時」。

其代謝兮，萬物紛以迴薄。覽花蒔之時育兮，察盛衰之所托。」注引周易「時育萬物」〔二〕。北晉時，先漢諸儒章句尚存，故岳從古讀，今當遵之。育萬物者，時也。春息百長，夏賞五德，秋行五刑，冬收五藏，故春仁、夏忠、秋急、冬閉，順天之時，約地之宜，風雨時，五穀實、艸木美多，六畜蕃息，所謂「時育」者如此。

卦名无妄，故有无妄之人、无妄之福、无妄之災。何謂无妄之人？四爲或人，三爲邑人，初爲行人，四上下无常，進退无恒，故稱或，或之者，疑之也。四互艮、巽，艮爲手，巽爲繩，内卦本坤，坤爲牛，九四以手持繩，繫牛之象。三、四皆人位，四兼而三正，故三稱邑，初自外來，又體震，故稱行。坤變爲震，牛象不見，四繫之而初得之，所謂无妄之人也。何謂无妄之福？牛以耕，初得之，二无以耕，故有不耕、不菑之象。富者，福也，不耕而穫，不菑而畬，不望福而福自來，故象曰「未富也」。猶莊子云：「彼於致福者，未數數然也」，言非數數然求之也。呂氏春秋云：「武王至殷郊，不耕而穫。」謂不戰

〔二〕李善注。

而克之。猶九五「无妄之疾，勿藥有喜」，所謂无妄之福也。何謂无妄之災？凡物失而復得者，不爲災，睽初喪馬，震二喪貝，濟二喪茀，皆當位，故皆失而復得。坤牛變震馬，一失而不可復得者也；二當位，故失之而反享其福；三不當位，故失之而獨受其災，匪正有眚，至上而窮，故上九「无攸利」，所謂无妄之災也。九四无福亦无災，故无咎；非爲邪，非離羣，故可貞。貞，則无常者有常，无恒者有恒，故象曰「固有之也」。四亦匪正，獨无眚災，豈非以其貞耶？春秋許世子止不嘗藥，直書弑其君，蓋以藥弑之。〔二〕故象曰：「无妄之藥，不可試也。」其防微矣。臣子之於君父，无事不極其謹嚴，況有疾飲藥，而可以試之乎？試之而益其疾，或因是而遂卒，雖無弑君之心，而以弑君之辠加之，其誰曰不可？五居尊位，九四承之以貞，故「勿藥有喜」，亦獲无妄之福焉。易林无妄之繇曰：「載璧秉珪，請命於河，周公克敏，沖人瘳愈。」所謂「勿藥有喜」也。金縢之禱爲

〔二〕公羊傳昭公十九年：「夏五月戊辰，許世子止弑其君買。」蔡世子般弑父不忍日，此日者，加弑爾，非實弑也。」

沖人〔一〕，古有是説，今之僞金縢豈足信哉？史記蒙恬傳及魯世家〔二〕亦云，然而載璧秉珪，則武王也，分爲兩事。

「天在山中，大畜。」説者謂：「地以上皆天。」〔三〕攷之曆象，地之上下四旁，无非天也，地在天心之一點。説見新法曆書。五運行大論篇：「帝問岐伯曰：『地之爲下否乎？』岐伯曰：『地爲人之下，大虚之中者也。』帝曰：『馮乎？』馮，古憑字。岐伯曰：『大氣舉之也。』」〔四〕所謂大氣者，天之氣。王冰亦謂：「造化之氣，任持大虚。落葉飛空，不疾而下，爲其乘氣勢，不得速焉。凡處地之上者，皆有生化之氣任持之。」愚謂：物生乎氣，氣本乎天，故山能生艸木而興寶藏者，天氣在其中也。如中无天氣，則山塊然一拳石耳，焉能起膚寸之雲？不崇朝而雨徧天下哉？不知天觀諸日，日无時不行，行乎地上爲

〔一〕尚書金縢：「王執書以泣，曰：『其勿穆卜！昔公勤勞王家，惟予沖人弗及知。今天動威以彰周公之德，惟朕小子其新逆，我國家禮亦宜之。』」

〔二〕史記魯周公世家：「周公於是乃自以爲質，設三壇。周公北面立，戴璧秉圭。」

〔三〕册府元龜載邵雍言。嫩真子亦有載。

〔四〕黄帝内經素問五運行大論篇。

晝、爲明、爲晉，行乎地下爲夜、爲闇、爲明夷。明夷，誅也。墨子曰「禹征有苗，湯伐桀，武王伐紂」。以此。三聖王觀之，則非所謂攻也，所謂誅也，言有道誅无道也，故曰明夷。於南狩得其大首，說者訓夷爲傷[一]，失之甚矣。日出地平，明乎上也；日入地平，明乎下也。故曰：「用晦而明。」一出一入，皆在天上，其明不息，所謂「箕子之貞，明不可息」者，以此。或訓夷爲滅[二]，尤失之妄。澤能滅木，地豈能滅日乎？明夷本无傷象，而序卦傳云：「夷者，傷也」。蓋謂文王大難，箕子内難，故曰傷。若夫日行天上，晝夜常明，何傷之有？人隔地平，故莫之見，莫之見而因謂之傷，可乎？學者不明曆象，焉能明易象哉？不大畜，則不大行。畜之厚，斯行之遠。故山中之天，取象於天衢。天衢者，房南二星、北二星爲四表，中間爲天衢之大道，黄道之所經也，蓋天道於是大通矣。故傳曰：「山川精氣，上爲列星。」此之謂也。生氣通天論曰：「夫自古通天者，生之本。本於陰陽天地之間，六合之内，其氣九州、九竅、五藏、十二節，皆通乎天氣。」[三]故小而

[一] 周易集解載鄭玄、虞翻均訓夷爲傷，而鄭、虞以降，采之者多。
[二] 李鼎祚周易集解訓爲滅。
[三] 黄帝内經素問生氣通天論。

一物，大而山川，莫不有竅而天氣通焉。釋名曰：「山，産也。産，生物也。」〔一〕說文曰：「山，宣也。謂能宣散氣，生萬物也。」〔二〕山中无天，何以宣氣而生物乎？天在山中，實象也。

「六四，童牛之牿，元吉」。「六五，豶豕之牙，吉。」褚氏云：「豶，除也。」謂除其牙。豶訓爲除，未之前聞也。虞氏謂：「劇豕稱豶。」說文：「豶，羠豕也。」韓非子亦云：「豎刁自豶。」〔三〕俗名爲劇，豕本剛突，劇乃性和，雖有其牙，不能爲害。愚謂：童牛、豶豕，幼小之名。按：爾雅：「豕，子豬䝐。豶，幺幼。」䝐音偉。注云：「俗呼小豶豬爲䝐子，最後生者爲幺豚。」〔四〕然則童牛爲小牛，豶豕爲幼豕，信矣。大畜，畜物之家，故取象牛、豕，四、五兩陰之象也。王弼謂：「童牛象初，豶豕象二。」失之矣。牛、豕

〔一〕釋名釋山。
〔二〕說文解字：「山，宣也。宣气散，生萬物。有石而高，象形。凡山之屬皆从山。」
〔三〕韓非子十過作「豎刁自獖」。另有作「豎刁自宮」。
〔四〕爾雅郭璞注。

皆陰，非初、二陽剛之象。且大畜養賢，獸畜之而豕交之，豈養賢之謂哉？止健者，惟剛上一爻，剛畜乾，故卦名大畜。説者遂謂：「四畜初，五畜二。」豈其然乎？牙，鄭康成讀爲互。互，見周禮，張衡賦「置互擺牲」[一]是也。陸佃謂：「牙者，畜豕之杙，東齊海岱之間以杙繫豕。」[二]説文豕象繫豕之形。[三]豕繫二足，其行豕豕然，則牙與牿皆施於足也。在手曰梏，牛无手，以前足當之，見鄭志。幼小之時，禁於未發蒙，以養正作聖之功，故四「有喜」、五「有慶」者，以此。莊子謂：「泰氏一以己爲馬，一以己爲牛。」孟子亦云：「舜居深山，與鹿豕遊。」此四、五兩陰所以取象於牛、豕也。地秉陰竅於山川，天氣於是通焉。四、五兩陰爲竅，一陽在上爲衢。俗書互作亐，故康成讀亐爲互。王弼訓爲齒牙之牙，非也。陸佃以亐爲杙，得之。孔疏訓豶爲防，鑿矣。

〔一〕文選西京賦：「置互擺牲，頒賜獲鹵。」
〔二〕埤雅：「六四曰：童牛之牿。六五曰：豶豕之牙牢謂之牿。牙者，所以畜豶豕之杙也。今東齊海岱之間以杙繫豕謂之牙，賦曰：『置牙擺牲』是也。」
〔三〕不見於説文解字。

頤，上止下動。全卦之義，止吉動凶。外三爻，止也，故皆吉；內三爻，動也，故皆凶。六三，動之極，故曰「大悖」；上九，止之終，故曰「大慶」。音羌。此全卦之義也。故六二爻辭曰：「頤，征凶。」蓋言征凶僅指一爻而已，故加頤則征凶。通指全卦，象言一爻，爻言全卦，互相備也。後儒誤讀，失其義矣。丘，古音區，與頤協。故曰：「顛頤，拂經於丘。」顛，末也，指上非初明甚。頤，有龜象者，外陽內陰，陽象甲，陰象體。而初在下，象伏龜。伏龜者，靈龜也，龜能食氣。食氣者，神明而壽，故稱靈。頤，十一月之卦，其位在北。龜爲玄武，蟄伏之時，初陽在下，象之。鬼谷子曰：「養志瀌靈龜。志者，欲之使也，欲多則心散，心散則志衰，故心氣一則欲寡，欲寡則志不衰，志不衰，則理達而和通，和通則亂氣不擾於胸中。故善養者，必先養氣志，志不養則心氣不固、志意不實，由是志失而心氣虛，志失而心氣虛，則喪其神矣。」〔二〕養之道在寡欲，故瀌靈龜。內卦爲震，其體決躁，志爲欲所使，不能不妄動以干時，故有「朵頤」之象，喪其神而失其靈。先王之所以寶龜者，以其靈也。龜失其靈，曷足貴乎？爾謂初，我謂上，上爲卦主，故稱我。

〔二〕鬼谷子本經陰符。

初，本也；上，末也，舍本而觀末，此之謂失其本心，故凶。虞翻好言象，謂：「晉、離爲龜。晉四之初，故舍爾靈龜。」[一]如其説，則晉四爲龜，曷爲取象於鼠乎？必離而後爲龜，固矣哉！虞翻之言象也，或云艮爲山，龜亦非艮，在上不在初。

「六四，顛頤，吉。虎視眈眈，其欲逐逐，无咎。」象曰：「顛頤之吉，上施光也。」然則卦之四陰皆養於上矣，虎視之占非吉，有宮鄰金虎之戒焉。張平子曰：「周姬之末，不能厥政，政用多僻，始於宮鄰，卒於金虎。」[二]宮鄰者，書曰：「臣哉鄰哉，鄰哉臣哉。」言世治則爲臣，世亂則爲鄰也。金虎者，石氏星經曰：「昴者，白虎宿太白者，金之精，太白入昴，金虎相薄，亂之象也。」[三]逐逐爲宮鄰，眈眈爲金虎，其衰周之兆乎？而其占无咎，何也？傳曰：「主失其神，虎隨其後，主上不知，虎將爲狗，主施其灋，大虎將

[一] 周易集解：「虞翻曰：『晉、離爲龜，四之初，故舍爾靈龜』。」

[二] 文選東京賦。

[三] 原書已佚。説郛、天中記等有轉引。

怯，主施其刑，大虎自寧，瀀刑苟信，虎化爲人，復反其真。」〔一〕眈眈逐逐，何咎之有？「趙王遊於圃，與左右觀虎，盼然環其眼。王曰：『可惡哉虎目也』。左右曰：『平陽君之目，可惡過於此。見此未有害也，見平陽君之目如此者，必死。』」〔二〕然則虎視眈眈，非盼然環其眼與？虎視者，視上也，上有以養之，又有以馴之，故无咎。初九「觀我」，亦觀上。初遠於上，故曰「觀」；四近於上，故曰「視」。朵頤者，動於欲也。逐逐，則得其欲矣，上施光，下皆得其欲也，故曰：「安高在乎同利」。上稱高，下同利，故上安。管子曰：「民之所欲，飲食也，足其所欲，則能用之矣。今使衣皮而冠角，食野艸，飲野水，孰能用之？傷心者不可以致力。」〔三〕然則其欲逐逐，物之情也，天下豈有不贍其欲而能用之者哉？春秋：「鄭子產爲政有事，伯石賂與之邑。子太叔曰：『國皆其國也，奚獨賂焉？』子產曰：『无欲，實難。皆得其欲，以從其事，而要其成。非我有成，其在人

〔一〕出韓非子揚權。

〔二〕韓非子外儲說。

〔三〕管子侈靡：「今吾君戰則請行。民之所重，飲食者也，侈樂者也，民之所願也。足其所欲，贍其所願，則能用之耳。今使衣皮而冠角，食野草，飲野水，孰能用之？傷心者不可以致功。」

乎？何愛於邑，邑將焉往？』」〔二〕爲政者，上九；受賂者，四陰。四陰皆得其欲，則事无不建，功无不成，故曰：「大有慶也」。逐逐，漢書叙傳作浟浟，音滌。曰：「六世眈眈，其欲浟浟。」注云：「眈眈，威視皃，浟浟，欲利皃。」舊説皆誤，故正之。或曰：頤取象於虎，何也？頤，養也。養者，攝生之道也。老子曰：「善攝生者，陸行不遇虎兕，兕无所投其角，虎无所措其爪。」言養正者，虎兕不能傷，故取象於虎也。韓非解老曰：「人獨知虎兕之有爪角也，莫知萬物之盡有爪角，故不免於萬物之害。晨昏蒙犯山川，則風露之爪角害之；事君不忠，則刑灋之爪角害之；處鄉无節，則爭鬬之爪角害之；嗜欲无限，則痤疽之爪角害之。」〔三〕由此而推，則出好興戎，噬腊遇毒，言語、飲食亦皆有爪角害之者也。故君子慎之、節之。虎兕有域，萬害有原，避其域，塞其原，則免於諸害矣。

〔二〕左傳襄公三十年：「子産爲政有事，伯石賂與之邑，子大叔曰：『國皆其國也，奚獨賂焉』？子産曰：『無欲實難。皆得其欲，以從其事，而要其成。非我有成，其在人乎？何愛於邑？邑將焉往』？」

〔三〕韓非子解老：「民獨知兕虎之有爪角也，而莫知萬物之盡有爪角也，不免於萬物之害。何以論之？時雨降集，曠野閒靜，而以昏晨犯山川，則風露之爪角害之；事上不忠，輕犯禁令，則刑法之爪角害之；處鄉不節，憎愛無度，則爭鬬之爪角害之；嗜欲無限，動靜不節，則痤疽之爪角害之。」

故曰：「頤，貞吉。」「養正則吉」，言養正者，萬物莫能害，此之謂善攝生。

大過九二象傳曰：「老夫女妻，過以相與也。」凡乘、承、比、應，皆謂之相與，大過二、五敵應，故説易者謂：「二比初。」[一]二比初者，相與之常，何過之有？程傳謂：「老夫之説少女，少女之順老夫，其相與，過於常。」其説近乎戲矣。爻辭不明者，賴象辭以明之，若如程傳，則又何賴乎象辭而爲之贅説哉？蓋嘗反覆思之，而未得其解。獨虞仲翔以爲「過以相與」者：「九二過五，而相與於上；九五過二，而相與於初。大過之家，无所不過。」[二]其説甚明，而後儒皆莫之信者，拘於初應四、二應五、三應上之例。愚謂：比五一陽，上下皆應，初六應五，故有它吉，豈必二、五方爲正應？頤四陰皆養於上，故六二、六四皆曰「顛頤」。釋言曰：「『顛，頂也。』注云：『頭上。』」[三]廣雅曰：

[一] 伊川易傳。
[二] 周易集解：「虞翻曰：謂二過初與五，五過上與二，獨大過之爻得過其應，故『過以相與』也。」
[三] 鄭樵爾雅注。

「顛，末也。」〔二〕末在上，不在初，自上墜下謂之顛。故曰：「高位必疾」。顛在上，故稱高，未聞在下而謂之顛也。初九靈龜僅能不食而已，且初方朵頤，亦思求養於人焉。能養人自古，豈有在下而能養人者哉？六二、六四皆曰「拂經」，蓋上九非至尊之位，居至尊之位者比之，九五下皆順從，故頤之拂不如比之順也。比象傳曰：「比，輔也，下順從也。」說者以顛爲初〔三〕，大有害於理，後儒不講小學，故誤信。王注其害如此。易無達例，故曰：「不可爲典要。」俗儒拘守舊例，未可與言易也。易言象不言例，例隨象變。以象言之，本大而末小，巽爲長女，而在初，本也，反謂之少；兑爲少女，而在上，末也，反謂之老。本小而末大，有是理乎？然則少女指上，老婦指初，仲翔之說，亦非无據。仲翔說易，失之巧，故穿鑿最多。獨此一條，不傷於鑿，以其得象辭之義也。易之應，變動无常，蒙二包四陰，萃四據三陰，小畜上下應乎四，同人衆陽宗乎二，大有上下應乎五，謙衆陰宗乎三，觀衆陰觀乎五，臨之上六志在内之初、二兩陽。象辭所謂「過以相與」者，不獨大過

〔二〕廣雅：「㭬、耑、摽、顛、杓、緒、杪、流、苗、裔、㦗，末也。」

〔三〕王弼周易注：「養下曰顛。」

一卦爲然矣。蓋以卦名大過，故孔子於大過一卦言之，餘可類推。而俗儒拘守舊例，固矣哉！舊例本於乾鑿度：「凡卦三畫以下爲地，四畫以上爲天。陽氣從下生，故動於地之下，則應於天之下；動於地之中，則應於天之中；動於地之上，則應於天之上。故初與四、二與五、三與上，謂之應。」

「九二，枯楊生稊，老夫得其女妻，无不利。」「九五，枯楊生華，老婦得其士夫，无咎无譽。」二爻之象，一指初，一指上。聖人作易，近取諸身，遠取諸物。取諸身者，莫精於古醫經，當以古醫經証之。卦有初、上兩爻，猶脈有上下兩部，上寸下尺，尺者脈之根，猶初者卦之本。難經曰：「人之有尺，譬如樹之有根、枝、葉，雖枯槁，根本將自生。脈有根本，人有元氣，故上部无脈，下部有脈，雖困，无能爲害。」〔一〕然則枯楊者，枝葉枯槁，猶人上部无脈，困之象也。稊者，楊之根，枝葉雖槁，根本復生，猶人下部有

〔一〕難經本義：「上部有脈，下部無脈。其人當吐不吐者死。上部無脈，下部有脈。雖困，無能爲害。所以然者，譬如人之有尺，樹之有根、枝、葉，雖枯槁，根本將自生。脈有根本，人有元氣，故知不死。」

脈，元氣尚存，雖困不害。故取象老夫、女妻。老夫者，枯之象；女妻者，稊之象。初陰在下，非稊而何？初象白茅，柔在下也。陸農師謂：「列子『茅靡』一作『弟靡』。弟，讀如稊，俗讀爲頽，形聲兩失。茅之始生曰稊，詩云：『手如柔荑』。荑、稊一也。」〔二〕則稊似指初陰矣，象言「過以相與」，何也？陰、陽相與，有當時，有反時，有過時。帝乙歸妹爲當時，老婦士夫爲反時，老夫女妻爲過時。當時爲嘉，反時爲醜，過者无傷象。言過者，以此。曷爲過者无傷也？初過慎，上過涉，皆无咎。二過以相與，亦无不利。大過之家，无所不過，故知過者无傷。難經曰：「十二經脈，皆係於生氣之原，謂腎間動氣，呼吸之門，三焦之原。一名守邪之神，人之根本也。根絶則莖葉枯矣；寸口脈平，而死者生氣獨絶於内也。」〔三〕楊枯於下，華發於顛，是爲狂華，狂華發則内之生氣絶矣，猶人寸口雖平而尺脈已絶，故象曰：「何可久也？」本象稊，末象華，皆狀其弱，以脈之尺寸驗之，又何疑乎？予初以虞仲翔之説爲不可易，及三復古醫經，然後知虞説於象辭爲順，於卦

〔二〕埤雅。

〔三〕難經本義：「然諸十二經脈者，皆係於生氣之原。所謂生氣之原者，謂十二經之根本也，謂腎間動氣也，此五藏六府之本，十二經脈之根，呼吸之門，三焦之原，一名守邪之神。故氣者，人之根本也。根絶則莖葉枯矣，寸口脈平，而死者生氣獨絶於内也。」

義未足，故兩存，以待後之學者。夏小正：「栜䅌。䅌也者，發孚也。」〔一〕孚，一作莩，見太平御覽〔二〕。

復六三：「頻復，厲无咎」。大過上六：「過涉滅頂，凶，无咎。」後漢趙温曰：「一爲過，再爲涉，三而弗改，滅其頂，凶。」〔三〕説文曰：「頻，水厓，人所賓附，頻蹙不前而止。」然則「頻復」者，不涉也。頻蹙不前而復反，謂之頻復，雖无「休復」之吉，亦无「滅頂」之凶。其所以无凶者，不涉故也，涉則滅其頂矣，焉得无凶乎？復三雖有過，中道而復，故曰一爲過；大過上六固有過矣，而復涉焉，故曰再爲涉。涉而不復，反至於滅頂，仍勇往而前，遂至死而无悔，故曰：「三而不改，滅其頂凶。」而皆繫以无咎者，當不得不涉之時，有不容復反之勢，又有不可復反之心，故象曰：「過涉之凶，不可咎也。」頻、涉，皆从水，説文頻从頁从涉，俗解失之。君子濡跡以救時，過涉猶濡跡，志在救時，

〔一〕大戴禮記夏小正：「柳䅌，䅌也者，發孚也。」
〔二〕太平御覽：「注：莩，發莩也。」
〔三〕後漢書趙典傳：「於易，一爲過，再爲涉，三而弗改，滅其頂凶。」

誰得而咎焉？風俗通曰：「涉起於足，足一躍三尺，再躍則涉。」[一]愚謂：一舉足爲跬，再舉足爲步，涉从水从步，步長六尺，以長爲深，則涉深六尺，過涉則水益深，故有滅頂之象。顔之推曰：「自亂離以來，每見名臣賢士臨難求生，終爲不救，徒取窘辱，令人憤懣。行誠孝而見賊，履仁義而得辠，喪身以全親，泯軀以濟君。君子不咎也。」[二]

「九五，坎不盈，禔既平，无咎。」象曰：「坎不盈，中未大也」。禔，晉易作祇[三]，說文及京氏易皆作禔[四]，音支，又止支反。安也。老子曰：「曠兮若谷，渾兮若濁，靜之徐清，動之徐生，保此道者不欲盈，夫惟不盈，故能敝不新成。」[五]「不盈者，道之冲，淵乎

[一] 未見於風俗通義。

[二] 顔氏家訓養生篇：「夫生不可不惜，不可苟惜，涉險畏之途，干禍難之事。貪欲以傷生，讒慝而致死，此君子之所惜哉！行誠孝而見賊，履仁義而得罪，喪身以全家，泯軀而濟國，君子不咎也。自亂離已來，吾見名臣賢士臨難求生，終爲不救，徒取窘辱，令人憤懣。」

[三] 王弼周易注：「九五，坎不盈，祇既平，无咎。」

[四] 說文解字：「禔，安福也。从示，是聲。易曰：『禔既平。』市支切。」今本京氏易傳未見。王弼注曰：「京作禔。」

[五] 老子十五章：「曠兮其若谷，渾兮其若濁，孰能濁以靜之徐清，孰能安以久動之徐生，保此道者不欲盈，夫唯不盈，故能蔽不新成。」

似萬物之宗」〔一〕，「大盈若冲，其用不窮」，「是以大道可名爲小、可名爲大，聖人終不爲大，故能成其大」〔二〕，言大盈乃不盈，不大故能大。坎二、五得中，故二曰「未出中」，五曰「中未大」。未出中，故「求小得」；中未大，故「禔既平」。求者，未得而欲之之辭；禔者，既得而安之之辭。二求而五安之，皆小而未大，可名爲小，不可名爲大。言安於其小，終未能成其大，非「大盈若冲」之謂也。故曰：「神无以靈將恐歇，谷无以盈將恐竭。」「江海所以能爲百谷王者，以善下之。」聖人後其身、先其民，是以天下樂推而不厭。坎五「中未大」，猶屯五「施未光」，不能善下焉。能爲百谷王，僅可安既平之福而已？君子憂其或竭也，安得靜之清、動之生哉？此漢之元帝也，雖安先帝既平之福，而孝宣之業衰焉。其占无咎者，以其得中也，得中而未大，蓋惜之之辭，行有尚、往有功。有功則可大，不行之謂平，中未大者，以此。黄帝曰：「道若川谷之水，其出无已，其行无止。」〔三〕平則止矣，何由而大乎？管子曰：「水平而不流，无源則遬竭。」此之

〔一〕老子第四章：「道沖而用之，或不盈，淵兮似萬物之宗。」

〔二〕老子三十四章：「常無欲可名於小，萬物歸焉而不爲主，可名爲大。是以聖人終不爲大，故能成其大。」

〔三〕出賈誼新書修政語。

謂也。不流亦不竭，惟井爲然，不爲江海而爲井，无志於大，安於小成，故君子惜之。一説：「中未大」者，「聖人終不爲大，故能成其大」。其説亦通，然於爻義未足，仍兩存焉。

「九三，日昃之離。」日中則昃，中前、中後皆曰昃。逸周書曰：「日之中也昃，月之望也食。」〔一〕周禮朝市於東，昃市於中，夕市於西。〔二〕王弼云：「日昃，明將没。」是以昃爲夕也，失之矣。日中，正在天心之一綫。未及一綫，已過一綫，謂之昳中，則日之正中，頃刻而已。趙襄子曰：「江河之大也，不過三日。飄風暴雨不終朝，日中不須臾。」〔三〕故象曰：「日昃之離，何可久也？」物盛則衰，樂極則悲，日中則移，月滿則虧。故曰：「不鼓缶而歌，則大耋之嗟凶。」物盛則衰，樂極則悲之象也。勢之方盛，其發也如火，熱如雷霆，必須其自衰，而後爲之。故良工之治病，无刺熇熇之熱，无刺渾渾之

〔一〕逸周書周祝解。
〔二〕周禮司市：「大市日昃而市，百族爲主；朝市朝時而市，商賈爲主；夕市夕時而市，販夫販婦爲主。」方位未詳。
〔三〕吕氏春秋慎大、淮南鴻烈解道應訓：「襄子曰：『江河之大也，不過三日。飄風暴雨，日中不須臾。』」

脈，无剌漉漉之汗。方其盛時，勿敢必毀，因其衰也，事必大昌。明夷南狩，志大得也，而仍戒其不可疾者，以此。四在重離之間，蘊蘊而暑，爞爞而熱，赫赫炎炎，所謂勢之方盛也。九四剛而失正，「突如其來」，逆而犯之，由是在上者出涕，戚嗟不安其位。一夫作逆，玉石俱焚，投火焦糜，從灰皆滅。於斯之亂，生人幾亡，野有燎原，壑无完柩。而作逆者亦始而焚，繼而死，終而棄。其來也如疾風，其敗也如飄蓬，此之謂突，突之言逆也。上九因九四自衰之勢，奉王命而出征，王者之兵，有征无戰，殲厥渠魁，脅從罔治而天下復安矣，豈非所謂因其衰也，事必大昌者與？明夷闇君在上，故稱大首，重離亂臣在四，故稱折首，上九乃王公之位，故稱王。王謂五，天子用兵，稱「恭行天罰」，諸侯討有辠，稱「肅將王誅」，皆示有所稟承，不敢專也。王弼云「突，如日始出」，失之。三、四皆象日中，日中如探湯，日始出也，滄滄涼涼，安得有焚如之象乎？説文倒𡿺古子字。爲㐬，古突字。倒子者，亂臣賊子。若後漢之董卓、梁之侯景、後魏之爾朱榮、唐之安史，其象皆如是虞。戴德曰：「父之於子，君之於臣，天也。有子不事父，有臣不事君，反天而倒行。」〔一〕是爲倒子，天地之所不容，故象曰：「无所容也」。

「山上有澤，咸。君子以虚受人。」山澤損，澤山咸，皆取象於澤，何也？澤爲日月往來門，月出澤，日入於澤。四正之體，上虚下實。萬物燥，澤能潤，天地怒，澤能悦，萬形惡，澤能美。澤滋萬業，帝王瀀之。天地之和氣也，山下有澤，澤氣上通，山上有澤，澤氣下通，通則虚，虚則能受。書曰：「謙受益。」故易取象於地山，謙，山者，虚而能通，常受澤之益，有似乎謙，故謙取象焉。然必先損之，而後能虚。人之充塞於胸中者，忿與欲二者而已。忿不懲，欲不窒，則中實，焉得虚？故曰：「爲學日益，爲道日損。」〔二〕人之所多者，忿與欲也，故哀之；人之所寡者，道與義也，故益之。哀多益寡，謙之象也，亦損之道也。損之又損，以至於虚，虚能通氣，受益无窮矣。老子曰：「常无欲，以觀其妙；常有欲，以觀其竅。」近取諸身，肝竅於目，肺竅於鼻，腎竅於耳，脾竅

〔一〕大戴禮記：「父之於子，天也。君之於臣，天也。有子不事父，有臣不事君，是非反天而倒行耶？故有子不事，父不順；有臣不事，君必刃。順天作刑，地生庶物。」

〔二〕老子四十八章。

於口，心竅於舌，目欲色，鼻欲臭，耳欲聲，口欲食，舌欲味，故易於頤之六四繫之辭曰：「其欲逐逐。」逐逐者，言其多也，豈非有欲之竅，口實尤甚乎？若夫天地之竅則不然，天地竅於山澤，其相感也。天地感萬物，聖人感人心，不疾而速，不行而至，然後知无欲之爲妙也。人身之竅，无欲亦如之，則與天地同其虛，亦與天地同其妙矣。管子曰：「虛其欲，神將入舍。」神者，至貴也。故「館不辟除，貴人不舍。掃除不潔，神不留處」〔一〕。此之謂也。

「初六，浚恒，貞凶，无攸利。」陽在初爲潛，陰在初爲浚。潛與浚，皆言深也。恒之浚，猶乾之潛，潛則勿用，浚則勿求，何凶之有？浚恒之所以凶者，何哉？孔子曰：「浚恒之凶，始求深也。」〔二〕初以求而得凶，明矣。深根寧極，確乎其不可拔，故无求，无求故无悶。太玄養之初一曰：「藏心於淵，美厥靈根。」惟无求者能之。恒内卦巽也，巽

〔一〕管子心術。
〔二〕象辭。

爲進退，爲不果，其究爲躁卦。浚恒者，躁之象也，不能深根寧極而待，乃躁以求焉，故凶。太玄銳之初一曰：「蟹之郭索，後蚓黄泉。」言多足之蟲，不及无足之物，蟹之躁，未若蚓之靜也。故曰：「蟹之郭索，心不一也。」心不一，故有求，非所求而妄求之，故无攸利。誠能若蚓之无求焉，則不至於凶矣。蚓藏於淺，雖淺何傷？龍潛於深，雖深何害？蚓之蠢，龍之靈，相萬也，然其无求，則一而已。孟子謂：「求之有道，求在外者；求則得之，求在我者。」〔一〕求在我者吉，求在外者凶。浚恒之凶，求在外者也。或云：始求深者，學之始求，至於周孔，治之始求，及於堯舜。誠若是，則求在我者而謂之凶，可乎？堯舜周孔，人人可爲，惟病不求耳，則又何病於求哉？君子之於事君也，信而後諫；其於治民也，信而後勞，未信於君而犯之，未信於民而毒之，皆始求深者也。春秋：「浚洙。」〔二〕公羊傳曰：「洙者，水也，浚之者，深之也。」〔三〕賈誼弔屈原文曰：「襲九淵之神龍兮，沕深

〔一〕孟子盡心上：「孟子曰：求則得之，舍則失之，是求有益於得也，求在我者也；求之有道，得之有命，是求無益於得也，求在外者也。」
〔二〕春秋莊公九年：「冬，浚洙。」
〔三〕公羊傳莊公九年：「洙者何？水也。浚之者何？深之也。曷爲深之？畏齊也。」

潛以自珍。」故曰：潛與浚，皆言深也。

「上六，振恒，凶。」按：振恒，説文作「榰恒」，「榰，柱砥也。後世用石，古用木。」〔二〕震、巽皆木，震陽木，巽陰木，故取象於榰。榰當在下，今反在上，故象曰：「榰恒在上，大无功也。」飛檂浮柱，莫莫扶傾，榰之功也。下本上末，本大末小，乃物之恒，是以能固，而无崩壓之患，故曰：「金楹齊列，玉舄承跋。」〔三〕楹爲柱，舄爲砥，跋爲本，移本作末，倒而置之。本小末大，非物之恒，必不能固，其占爲凶。不曰「无功」而曰「大无功」者，以此。古柱砥用木，故有倒置之象，榰一作振，上居震極，故曰「振恒」。其説亦通，然按震卦☳曰「蘇蘇」，上曰「索索」，則初震不及三，四震不及上，故曰：「震不於其躬，於其鄰。」則恒之上六似无振象，仍當作「榰」爲允。恒有鼎象，異者惟上六一爻，上變爲恒之鼎，其占大吉，盖鉉宜在上，故吉；榰宜在下，故凶。兩卦象辭皆曰

〔二〕説文解字：「榰，柱砥，古用木，今以石。从木，耆聲。易曰：『榰恒，凶』。章移切。」

〔三〕何晏景福殿賦。

在上，合而玩之，一吉一凶，其象昭然矣。振恒者，動之象也，動則變，變則大吉，何凶之有？

「九五，嘉遯，貞吉」。陽居初爲潛，故乾之初九曰：「龍德而隱，遯世无悶。」[一]居五爲「飛龍在天」，非可遯之地位乎？天德非宜遯之時，而其遯爲嘉，其志爲正，其占爲吉，此殷之祖甲逃於民間之象也。祖甲者，武丁之子，有兄祖庚，武丁欲廢兄立弟，祖甲以爲不義，逃於民間，武丁卒立祖庚。祖庚立十有一年崩，而後祖甲即位。故无逸稱之，以爲殷之三宗。僞孔傳謂：「湯孫太甲。」[二]蓋以外傳有「祖甲亂之」之語，故信傳疑經，失之甚矣。自殷王中宗及高宗及祖甲，則三宗次弟秩然，何得以後及前，紊其叙乎？鄭康成之説，必有所據，當從之。兄終弟及，正也，廢兄立弟，不正也。去不正而歸於正，焉可謂能正其志矣？推而廣之，荆蠻之大伯，西山之夷、齊，皆遯之嘉者也。至德无稱，

[一] 文言。
[二] 尚書無逸僞孔傳。

求仁得仁，非志之正者與？然則九五正志，六二固志，何也？遯乃乾之二世卦，二臨世，上應五，其位不同，而其志同，固志者必遯者也。遯二「莫之説」，猶乾初不可拔，皆「遯世不見知而无悔者，惟君子能之。」〔二〕其心不轉，故稱執。其位在中，故稱黄。其體柔順，故稱牛。其時將變，故稱革。假令六二遯之志不固，與其類而偕進焉，則遯變爲否矣。遯之未變爲否也，六二執之之固也。故否三爲小人，遯二爲君子，陽大陰小，大者不皆君子，小者非盡小人，學易者當知之。王弼以遯二爲小人，不知易象者也。

「九四，貞吉，悔亡。藩决不羸，壯於大輿之輹。」卦以九四成大壯，則四爲卦主。壯，傷也，故利於止，蓋進則不免於傷，止則何傷之有，故大壯則止，九四爲藩以止之，則下三陽皆不得進。韓康伯謂「大正則小人止」非也。小人用壯，焉能止乎？象曰：「大壯，大者正也。」九四失正，故有「貞吉，悔亡」之戒，三、上相應，三往上，上來三，而四爲藩，以絶其往來，故三、上兩爻皆有「觸藩」之象。四力能止之，三羸上羝，

〔二〕禮記中庸：「遯世不見知而不悔，唯聖者能之。」

其困甚矣，終不能遂焉，則四止之之力也。然四體震，震爲決，故藩之決也，四自決之。震爲躁，故輹之壯也，四自壯之。車之止也，設藩；即藩盾，見周官。〔一〕車之行也，設輹。不能止於其所，乃妄動而欲上進焉，則失大壯「止之」之義矣。故象曰：「藩決不羸，尚往也。」言其不能止也，陽盛於四，躍而上焉，孰能禁之？則「貞吉，悔亡」爲戒辭明矣。言能止，則貞吉而悔亡，如妄動求進，安能免於悔哉？觀彖知卦，觀象知爻，彖、象兼觀，則幾乎全。說者謂九四有可進之象，則象傳曷爲而有「尚往」之辭？四失正，小人用壯，故尚往。後之學易者詳焉。

晉彖曰：「明出地上。順而麗乎大明，柔進而上行。」蓋外卦本乾，而坤以順麗乎乾，故有「康侯錫馬蕃庶，晝日三接」之象。坤爲馬，離爲晝日，乾爲大明，而坤麗之，其象爲公子重耳伯諸侯以見天子，其光耿於民者也。則康侯指六五明矣。六二「王母」，宋儒

〔一〕周禮司戈：「及舍，設藩盾，行則斂之。」

謂陰之至尊[一]，非也。晉悼公即位，年過七十者，公親見之，稱曰王父。[二]則婦人年老者，亦可稱曰王母矣，豈必陰之至尊哉？坤爲母，二中正，故稱王母，則介福二受之。王母指二，非指五也。五爲康侯，安得稱王母乎？卦四陰二陽，三陰皆吉，六三失正，亦曰「悔亡」。二陽，四「貞厲」，上「貞吝」。然則柔順者，吉而陽剛，不免厲與吝焉。晉者，進也，故六爻皆言進之之道。初進之始，二進之中，初「摧如」，二「愁如」，皆進而未得志者也。人三爲衆，三曰「衆允」，則内卦三陰，皆志上行，所謂「柔進而上行」者，指内卦三陰，亦明矣。初未受命，而曰「裕」，進毋躁也；二中受福，而曰「貞」，進以正也；三雖失正，而曰「允」，進以信也；五順麗乎大明，乃進之，大得志者，而曰「失得勿恤」。則君子進身之道，合四陰觀之，幾乎備矣。患得患失者，小人也，君子進以禮，退以義，得之不得曰有命[三]，何恤之有？誠能失得勿恤，則吉无不利，往有慶焉。錫馬之多、三接之寵，所謂慶也，則六五非康侯而何？唐王孝傑討契丹，進軍平州，白鼠晝入營

[一] 伊川易傳：「王母，祖母也，謂陰之至尊者，指六五也。」
[二] 國語晉語：「年過七十者，公親見之，稱曰王父，王父不敢不承。」
[三] 孟子萬章上：「孔子進以禮，退以義，得之不得曰有命。」

頓伏。占者謂：「鼠，坎精也」。已而軍敗，孝傑死。〔一〕離爲晝，四互坎象，鼠晝伏，離爲牝牛，故上象角，皆知進而不知退者與？君子進身之道无取乎剛。進而以剛者，急功名之士，顛冥於富貴之地者也。然進身雖宜柔道，而立身則仍以剛。乾之初九「遯世无悶」，樂則行，憂則違，確乎其不可拔，惟剛者能之。莊子亦云：「當時命而大行乎天下，則反一无迹，不當時命而大窮乎天下，則深根寧極而待。」深根寧極，孰能拔之？非天德之剛者哉！故晉之四陰，必合乎乾之初九，而後進身之道乃備。上九「維用伐邑，厲，吉，无咎。」貞吝，何也？春秋定公十有二年：「十有二月，公圍成，公至自圍成。」成者，魯之邑。圍成者，伐邑也。何休謂：「諸侯不親征叛邑，公親圍成而不服，不能以國爲家危之，故致之。」〔二〕所謂厲也。范甯謂：「以公之重而伐小邑，則爲耻深矣。」故曰「貞吝」。莊公二年：「夏，公子慶父帥師伐於餘丘。」穀梁傳曰：「國而曰伐於餘丘，邾之邑也。其曰伐，何也？公子，貴矣；師，重矣。而敵人之邑，公子病矣。病公子，所以譏

〔一〕新唐書：「初進軍平州，白鼠晝入營頓伏。皆謂：『鼠，坎精，胡象也。白質歸命，天亡之兆。』及戰，乃孝傑覆焉。」

〔二〕春秋公羊傳解詁：「天子不親征下土，諸侯不親征叛邑。公親圍成不能服，不能以一國爲家甚危，若從他國來，故危録之。」

公也。」此「厲吉，貞吝」之義也。離爲戈兵，而上九剛進之末，故其象如此。

「六二，明夷。夷於左股，用拯馬壯，吉。」單騎起於春秋，盛行於戰國，自古未有聞焉。太玄逃首之次三曰：「兢其股，鞭其馬，逃利。」蓋單騎之灋，磬控縱送，皆由於身手，而股之用力居多，故曰：「兢股鞭馬。」逃之利也。明夷六二亦有股夷馬拯之辭，則似單騎自古有之，非起於春秋矣。秦送重耳疇騎二千。[一]二比三，三互震，震爲馬，馬之壯者也。二順承三，三拯之，得勉，折其右肱，終不可用，夷於左股，尚可用也，故吉。六四「入於左腹」，猶六二「夷於左股」。穀梁傳曰：「大夫，國體也。」上爲君，故象首；二、四皆臣，故二象股，四象腹，此之謂國體。自内出外，謂之左宦，亦曰左遷。晉語士蔿曰：「太子，君之貳也，今君分之土而官之，是左之也。」注云：「左猶外也。」[二]二、四皆謂之左者，豈非名爲股肱之臣，而實弃之？名爲腹心之佐，而實外之者乎？四獲

[一] 韓非子十過。
[二] 國語韋昭注。

上，猶二順三，上暗三明，故二吉而四不言吉，始入雖危，後終得出，所謂「王子不出，我乃顛隮」者與！初先遠引二、四，亦委曲艱難，而後遠去。不去者，惟六五一爻而已。故曰：「内難而能正其志，箕子以之。」〔二〕一説：明夷六四，月食之象，内卦離日，三互坎月，月上日下，地隔其間，日月相望，食之象也。入左腹，象始虧。由左入中，出門庭，象復圓。由中出外，月食於闇虚。闇虚者，地影。外卦坤，闇虚之象也。漢元狩元年五月乙巳，晦日，有食之。從旁左。太史占曰：「凡日食，從上失君，從旁失臣，從下失人。」〔三〕月食亦然。入左腹者，從旁左也。旁左，臣之象。

〔二〕彖辭。
〔三〕前漢紀：「乙巳，晦。日有食之。從旁左。太史占曰：『凡日食，從上失君，從旁失臣，從下失人。』」

卷四

「九五，王假有家，勿恤，吉」。何謂也？書云：「克明俊德，以親九族。九族既睦，平章百姓。百姓昭明，協和萬邦。黎民於變時雍。」由身而至於一家，由家之九族而至於百姓，由百姓而至於萬邦，而成時雍之化，風俗大和，此「王假有家，勿恤，吉」之義也。然則象言「交相愛」，何哉？墨子曰：天下之亂，何自起？起於不相愛，子不愛父，弟不愛兄，臣不愛君，父不慈子，兄不慈弟，君不慈臣，而天下亂矣。是天下之亂，起於不相愛，則天下之治，由於交相愛。雖然，猶有說：家之人吾愛之，塗之人吾亦愛之，然而吾愛塗之人，終不若吾愛家之人者，何也？則親親之說也。親莫親於父子，父父子子，則愛之本立，兄弟、夫婦足以包之，故曰：「家人有嚴君焉，父母之謂也。」一言父母，而兄弟、夫婦、君臣之道，皆備矣。莊子曰：「子之愛親，命也，不可解於心。」

故孩提之童，无不知愛其親。三月嬰兒弗知欲、弗知惡，而慈母之愛喻焉，誠也，其交相愛而不可解者，莫知其然而然，一毫人欲不得而參，皆出於天命之性，故曰：「立愛惟親。」〔一〕親者，愛之本也。培其本而發榮滋長，油然勃然，而不可遏，推而放之南海、北海、東海、西海，而無不準。由是保四海而和萬邦，猶運諸掌矣。孟子曰：「人人親其親、長其長，而天下平。」親親、長長，非交相愛而何？後儒獨言夫婦，失之。

然則如何而後可謂之「交相愛」？交相愛者，嚴之謂也。嚴生於敬，敬生於誠，惟敬惟誠，而後可謂之「交相愛」。「婦子嘻嘻」，是交相瀆也，非交相愛也。故寧失之嗃嗃，毋失之嘻嘻。「初九，閑有家，悔亡。」惟能閑之，故能愛之。「上九，有孚，威如，終吉。」而象言「反身」者，家之本爲身，身之本爲親，欲順乎親，先誠其身。反諸身不誠，不順乎親矣，不順乎親，焉能交相愛乎？傳曰：「一家二貴，事必无功。夫妻秉政，子无適從。」〔二〕家人之義，陽爲主而陰順焉。故二、四兩陰爻皆稱順，言順乎陽也，必合觀四

〔一〕尚書伊訓。
〔二〕韓非子揚權。

陽爻，而後家人之義乃備。然則愛何從生？生於仁。莊子曰：「至仁尚矣，孝固不足以言之。」謂仁道至大，孝特其一端，豈足以該全體？莊子之言仁，當矣。至仁无親，天之道也；立愛惟親，人之道也。然其言一出焉、一入焉，去疵而取醇，雖聖人不能易也。墨子之言愛，吾亦取之，然謂愛貴兼不貴别，則悖矣。墨子焉知愛之本哉？

「九二，遇主於巷，无咎」。「六五，悔亡，厥宗噬膚，往何咎？」巷者，宮中之道，宗者，門内之牆。九二至上，象噬嗑，故曰「噬膚」。九二遇於巷，六五合於宗，噬膚言其合也。一遇一合，其象昭然。舊説皆誤，訓宗爲黨〔二〕，尤失之。或問曰：臣遇君，取象於巷，何也？離騷云：「啓九辯與九歌兮，夏康娱以自縱。不顧難以圖後兮，五子用失乎家巷。」巷，一作衖，與縱協。詩云：「其類維何？室家之壼。君子萬年，永錫祚胤。」釋宮云：「宮中巷謂之壼。」〔三〕然則家巷者，室家之壼也，言夏康娱樂放縱，不能福祚子孫，

〔二〕胡瑗周易口義、程頤伊川易傳、朱熹周易本義等。

〔三〕爾雅釋宮：「宮中衖謂之壼，廟中路謂之唐。」

所謂「用失乎家巷」者，以此。周語云：「壼者，廣裕人民。」〔一〕故毛傳訓壼爲廣，言必人民廣裕，而後子孫常保其福祚焉。遇主於巷者，君臣道合，諫行言聽，膏澤下流，廣裕人民之謂也。然則後儒謂遇於巷者，委曲相求其說，非與？非也。孟子曰：「達不離道。」爻言巷，象言道，巷非道而何？故廣雅云：「巷，道也。」〔二〕夫道若大路然，何委曲之有？如必委曲相求，而後得遇，則失其道矣，故曰：「遇主於巷，未失道也。」說者以巷爲委巷，不亦異乎？

君遇臣，取象於宗，何也？宗在廟門之内，喪禮毀宗，由宗而出；易象厥宗，由宗而入。是以湯得伊尹、齊桓公得管仲，皆祓之於廟焉，戰國趙襄子亦舍張孟談於廟〔三〕，此之謂宗。君遇臣，故有「噬膚」之象。君爲元首，臣爲股肱，本一體之親，有肌膚之愛。噬膚者，言其往必合也，故曰：「厥宗噬膚，往有慶也。」君之於臣，生則受命於宗，死則配饗於宗，是爲宗禮，亦曰功宗、功臣。從祀謂之功宗，詳見洛誥。說者失之，又多士

〔一〕國語：「壼也者，廣裕民人之謂也。」
〔二〕未見于廣雅。
〔三〕資治通鑑周紀。

曰：「臣我宗。」多方曰：「臣我監。」説者以「臣我宗」爲宗周，則「臣我監」又何説乎？宗與監同，皆指有周御事。春秋亦有宗卿之名，古者君謂臣爲宗，明矣。睽之二、五兩爻，失正得中，陰陽相應，其事同，其志通，故不言睽。老子曰：「大道甚夷，而民好徑。」委曲相求，所謂徑也，豈君子所由之大道哉？沈約宋書謝晦傳云：「徐羡之、傅亮皆皇宋之宗臣，社稷之鎮衛。」宗臣猶宗卿，即書所謂功宗也。漢之蕭、曹，晉之羊祜，齊之王儉，梁之徐勉，皆曰宗臣。或云同姓之臣，誤矣。

「上九，先張之弧。後説之弧。」弧，一作壺，昏禮設尊，是爲壺尊。説、設通。揚子太玄曰：「家无壺，婦承之姑。測曰：家无壺，无以相承也。」然則設壺者，婦承姑之禮與。三至五互坎，坎爲盜，故稱寇，始以爲寇也。故先張之弧，匪寇乃婚媾也；故後説之壺，始則拒之如外寇，終則禮之若内賓。言始睽而終合也。或曰：説弧，説讀爲稅。史記功臣表：「栢至侯以説衛入漢。」注云：説音稅。〔二〕稅衛，謂軍行止舍主爲衛。然則説猶

〔二〕史記索隱。

舍也、弛也，一弛一張，疑之象也，俗讀爲脱〔二〕，誤矣。

「載鬼一車」，亦象其疑。睽互坎爲狐，狐，祅獸，鬼所乘，故曰「載鬼」。又象魂車，士喪、既夕「薦車」注云：「今之魂車。」載而往，迎而歸，如慕如疑，所謂「見乃謂之象」者，以此。象傳曰：「遇雨之吉，羣疑亡也。」睽極則羣疑生，故宋光宗惑於其后，積惑成疑，積疑成疾，父子至親，有若仇讎。是時孝宗爲太上皇，居重華宫，光宗不朝，羣臣上疏迭諫，至於挽裾揮涕，扣頞流血，而終不從。太常少卿詹體仁因陛對引易「睽孤」之義，謂易於家人之後，次之以睽，睽之上九疑極而惑，凡所見者皆以爲寇，而不知實其親也。蓋人倫天理，有間隔而无斷絶，方其未通，湮鬱煩憒，若不可以終日，及其醒然而悟，泮然而釋，有如遇雨不勝，和悦而條暢焉〔三〕。愚謂：積惑成疑，似是而非，此黎丘丈人之象也。梁北黎丘有奇鬼，喜效人之子姪昆弟之狀，邑中丈人有之市而醉歸者，黎丘之鬼效其子之狀，扶而道苦之。丈人歸，酒醒而誚其子曰：「吾爲汝父，豈不慈哉？

〔二〕周易集解引干寶、虞翻、鄭玄等讀説爲脱。

〔三〕詳見宋史詹體仁傳。

我醉，汝道苦我，何故？」其子觸地而泣曰：「孽矣！无此事也。昔者往責於東邑，人可問也」。丈人曰：「譆！此必奇鬼也。我固嘗聞之矣。明日將復飲於市而刺殺之。」明日，之市而醉，其真子往迎之，丈人望見，以爲奇鬼也，拔劍，刺而殺之。夫疑於其似子者，而殺其真子。〔一〕則物之真似，孰能辨之哉？見豕非豕也，似豕者；見鬼非鬼也，似鬼者；見寇非寇也，似寇者。故曰：「使人大迷惑者，必其物之相似者也。」〔二〕不能辨真似，焉能免羣疑？君子之學，必先辨惑，以此。睽上火下澤，繫辭曰：「中心疑者其辭枝」。虞仲翔曰：「離人之辭也，火性枝分，故多疑。」書曰：「无若火始燄燄。」〔三〕燄燄者，其勢未盛，乍退乍進，猶人心不正，羣疑之狀。遇雨火息，則羣疑亡，澤爲雨。故曰：「天時雨澤，君子達亹亹焉。」〔四〕必坎而後爲雨，固矣。

〔一〕呂氏春秋。
〔二〕呂氏春秋慎行論。
〔三〕尚書洛誥。
〔四〕禮記禮器。

「六二，王臣蹇蹇。匪躬之故。」説文：「蹇，跛也。」跛不能行，弱足者居，故利於止。蹇蹇，則跛之甚矣。盲聾跛蹇，維躬之故。周公曰：「非也，天步艱難」。〔一〕故蹇而又蹇，豈躬之故哉？然則六二以中正之德，居蹇難之時，其猶公之東乎？公之東也，遠則二叔流言，近則召公弗悦，成王亦且疑之矣。故詩曰：「狼跋其胡，載疐其尾。」〔二〕跋猶蹎，謂之躐。疐卽躓，謂之跲。躐與跲，皆蹇之象也，言老狼有胡，進則躐其胡，退則跲其尾，進退有難，蹇而又蹇矣。然而老狼不失其猛，猶周公不改其常，故曰：「公孫碩膚，赤舄几几。」〔三〕言公孫於東都，碩大膚美，其赤舄之絇，几几然不改其常度也。「王臣蹇蹇」，亦如之，故雖蹇蹇，而終无尤者，以此。説者謂：蹇有兩坎，故曰蹇蹇，失之矣。蹇蹇，猶踖踖，太玄曰：「勞踖踖，躬殉國也。」踖，七約切，行皃。説文：「踖者，長脛行。」又躐也，踐也，與跋、疐義同。坎象險，本无跛象，卦名蹇者，見險而能止，故卦以蹇名。躬，猶身也，反身修德，德積於躬，何尤之有？君子正其誼不謀其利，明其道

〔一〕毛詩白華。
〔二〕毛詩狼跋。
〔三〕毛詩狼跋。

不計其功[一]。故蹇初至五皆不言吉凶，獨上言吉者，蹇終則行險，終則平難，終則解，故蹇以吉終焉。初、三、四、上皆曰來，來謂反身，譽與碩皆言德也。五得中，故修德而朋來，三道窮，故反身。而内喜見險者，自崖而反，當位者恃輩而行。連，古輦字。其近而相得者與！說文反身爲㠯，㠯者，歸也。[二]然則「來反」謂「來歸」也。春秋書季子來歸[三]。季子之來歸也，魯人喜之，故象曰：「内喜之也」。易取象於虎之文，詩取興於狼之猛，説者以爲擬物不倫。如其説，必取諸麟鳳，而後可乎？

「九二，田獲三狐，得黄矢，貞吉」。「上六，公用射隼於高墉之上，獲之，无不利」。狐者，隱伏之獸；隼者，高顯之禽。故蛇山之穴，羣狐爲之祥；崑崙之丘，鷹鸇爲之宅。隼者，鷹鸇之屬。獸三爲羣，三狐者，羣狐也。二隱伏，故稱狐；上高顯，故稱隼。黄者，中也；矢者，器也。得黄矢者，人也，卦象坎弓離矢，其器成

[一] 春秋繁露。
[二] 説文解字：「歸也，从反身。凡㠯之屬皆从㠯。」
[三] 春秋閔公元年。

矣。君子藏器於身，成器而動，動而不括，出而有獲，是以二、上皆稱獲也。繫辭獨言上者，卦之解悖始於二，成於上。又上卦爲震，故成器而動，獨舉上爻，其實兼二。二、上皆解悖之人，卦二陽爲朋，四位未當，二得中道，故二爲卦主。上之獲，本於二之田獲狐。射隼，田之功也。解其悖，則小人退，小人退，則「朋至斯孚」，故曰：「有孚於小人。」四往得衆，二來得中，獲狐射隼，夙往有功。言无事宜静，有事宜速也。

「初九，已事遄往，无咎。酌損之。」王弼謂：「已事遄往，事已則往，不敢宴安。」〔一〕已事，非事已，顛倒經文。後儒謂輟所爲之事，亦以意說，而无根據。愚按：大戴禮曰：「不習爲吏，而視已事。」而作如，古文通。夫殷周所以長久者，其已事可知也。然而不能從者，是不法聖智也。然則已事謂先王已行之事，周語所謂「賦事行刑，必問於遺訓而咨於

〔一〕周易注：「損之始，則不可以盈。事已則往，不可宴安。」

故實。」此之謂已事。戰國策張孟談曰：「觀成事，聞往古。前事不忘，後事之師。」前事者，已事也，「故天子爲政，使公卿至於列士獻詩，瞽獻典，史獻書，師箴，瞍賦，矇誦。」凡所獻、所箴、所賦、所誦，皆已事也。「百工諫、庶人傳語、近臣盡規、親戚補察、瞽史教誨、耆艾修之，而後王斟酌焉。是以事行而不悖。」所謂「酌損之」者，如此。蓋已事而不酌損，猶膠柱鼓瑟，必不可行焉，能无咎乎？而尤貴於遄往者，事已成而欲追改之，令已出而欲覆反之，則无及矣。且當損下益上之時，事之幾微，間不容息，亦不可以不速，損下益上，其道上行，利有攸往，故「遄往，无咎」。已事，一作祀事[一]，亦通。祀事酌損者，所謂「曷之用？二簋可用享」[二]也。後儒謂功成則速去，往訓爲去[三]，似未安。且既去矣，又焉用酌損哉？已事，當讀斷。遄往无咎爲句，從來誤讀，故正之。象曰：「已事遄往」，是合兩句而兼舉之，象傳之例皆然也。

[一] 李鼎祚周易集解。
[二] 彖辭。
[三] 伊川易傳：「所益於上者，事既已，則速去之。不居其功，乃无咎也。」

「六二，王用享於帝，吉。」孔子曰：「益，正月之卦，『王用享於帝』者，言祭天也。天氣三微而成一著，三著而成一體。五日爲一微，十五日爲一著。冬至陽始生，積十五日，至小寒爲一著，至大寒爲二著，至立春爲三著，凡四十五日而成一節。故曰：三著而成一體。當是時，天地交，萬物通，故泰、益之卦，皆夏之正也。三王之郊，一用夏正。」[一]正月泰卦用事，用事者，辟卦也。益當泰之九三。其說本先漢諸儒，而後儒以其出乾鑿度，爲不可信，愚獨有取焉。王輔嗣用其說，而益暢之，謂：「帝者，生物之主，興益之宗，出震而齊巽者也。六二居益之中，體柔當位而應巽，爲享帝之時。」後儒亦以爲卜郊之吉占[二]，則其說爲必不可易矣。或云：隨上、升四與益二皆同，非也。升，十二月之卦；隨，二月之卦。升者，謂陽氣升上，陰氣欲承；隨者，言萬物隨陽而出，皆指文王修積道德，鄰國被化，岐民和洽，是以

[一] 乾鑿度：「孔子曰：『益之六二：「或益之十朋之龜，弗克違，永貞吉；王用享於帝，吉。」益者，正月之卦也。天氣下施，萬物皆益，言王者之法天地、施政教，而天下被陽德，□王化，如美寶，莫能違害，永貞其道。咸受吉化，德施四海，能繼天道也。「王用享於帝」者，言祭天也。三王之郊，一用夏正。天氣三微而成一著，三著而成一體，方知此之時，天地交，萬物通，故泰、益之卦，皆夏之正也。此四時之正，不易之道也。故三王之郊，一用夏正，所以順四時、法天地之道也。』」

[二] 朱熹周易本義：「六二當益下之時，虛中處下，故其象占與損六五同。然爻位皆陰，故以『永貞』爲戒，以其居下而受上之益，故又爲卜郊之吉占。」

升六四蒙澤而承吉。四互兑。九三可升處王位，臣民順德，享於岐山，爲報德也。隨上六拘繫之、維持之，明被陽化，而陰隨之。文王齊民以禮，正民以義，有似拘繫維持之象，當時莫不隨從，咸悦其德。故曰：「王用享於西山。」然則隨上、升四與益二迥異，彼云西山、岐山，明指文王；此云上帝，則夏正郊天[一]，信矣。其説皆出乾鑿度，可以其緯書而廢之哉？

「六三，益之用凶事，无咎。有孚中行，告公用圭。」管子曰：「大哉！恭孫敬愛之道，吉事可以入察，凶事可以居喪。澤之身則榮，去之身則辱。」故曰：「益用凶事，固有之也。」謂有之身也，恭遜敬愛之道，非所謂「有孚中行」與？反諸身而誠，告諸公而從矣。然則凶事而曰「用圭」，何也？凶禮有賵賻贈含[二]，含者執璧將命，賵者執圭將命，皆西面坐，委之宰舉璧與圭，此凶事用圭之禮，將命所以告也。諸侯相含且賵，故

[一] 周禮典瑞。

[二] 禮記文王世子：「五廟之孫，祖廟未毁，雖爲庶人，冠、取妻必告，死必赴練祥。則告族之相爲也，宜弔不弔，宜免不免，有司罰之。至於賵賻承含，皆有正焉。」

曰：「告公用圭。」賵賻贈含，亦所以益之。益不外來，由中而出，救乏弔災，祭敬喪哀，惟其誠而已，故曰：「有孚中行」。孔子弔舊館人之喪，主人盡哀，孔子亦爲之出涕，乃命子貢説驂而賻之。〔二〕蓋以恩雖輕，惡夫涕之无從也。伯高之喪，孔子之使者未至，冉子攝束帛乘馬而將之。孔子曰：「異哉！徒使我不誠於伯高」。〔三〕不誠无物，固有之者，誠也，上益下以誠，故曰：「有孚惠心。」三與五同功。三多凶，故稱凶。事六居三，其柔危亦凶事之象，以其同功也。故三、五皆曰「有孚」。爻稱凶事，則「有孚中行，告公用圭」，皆凶事可知。如諸儒之説，則爻辭前後不相貫穿矣。以禮解易，乃以經解經，後之學者詳焉。

「九四，臀无膚，其行次且；牽羊，悔亡。聞言不信。」初在下卦之下，故象趾；「初九，壯於前趾，往不勝爲咎」。四在上卦之下，故象臀。倒姤爲夬，故姤三、夬四同象。下卦乾也，健而決；上卦兑也，説而和。二者離之則兩傷，合之則雙美。故初失之壯，四失之

〔二〕禮記檀弓。
〔三〕禮記檀弓。

柔，能合之者，其惟二與！兑爲羊，四牽之，羊性善羣，一雄爲主，舉羣從焉，俗有壓羣之目，北人謂之羊頭。故儀禮士相見注云：「羔取其從帥。」[一]言一羊帥於前，衆羊從於後，然則下有三陽，九四帥之之象也。詩云：「爾羊來思，矜矜兢兢，不騫不崩，麾之以肱，畢來既升。」[二]謂牧人養[三]之有道，既堅既彊，不虧不疾，故能指麾如意，无不順從。九四牽羊，或進或退，其權在四，故曰「悔亡」。乃四不能止，又不能行，首施兩端，次且不决，焉能无悔哉？陽稱光明，四不明者，位不當。五未光者，揜於上也。四之「次且」，猶五之「莧陸」。莧，古莞字。陸，古睦字。皆喪其健矣。小人在上，欲其决而去之，吾知其難也。和爲美德，以健輔之，則合於中行，故曰：「中行无咎。」二、五皆得中，五不及二者，豈非揜於上六，喪其健乎？

「九五，莧陸夬夬，中行无咎。」虞仲翔曰：「莧，説也，兑爲説。莧，讀爲『夫子莧

[一] 儀禮士相見鄭玄注：「上大夫，卿也。羔取其從帥，羣而不黨也。」
[二] 毛詩無羊。
[三] 養，四庫本作「掌」。

爾而笑』之莧。陸，和也。」[一]按古論語「莧爾而笑」，唐石經改莧爲莞。陸氏釋文云：「莧，華版反，今作莞。」則仲翔訓莧爲説，信矣。古「睦」通作「陸」，見漢唐扶頌及嚴舉、郭仲奇兩碑。陸氏釋文亦曰：「陸，蜀才作睦，親也，通也。」五與上比，故稱陸。莧陸者，笑説見於面，所謂健而説，決而和，與九三壯頄有愠相反。壯頄者不和，有愠者不説，三獨應上，有「獨行遇雨若濡」之象，而其貌不和，其心不説，言雖與之同，終不爲其所惑也。故象曰：「終无咎」。莧説而陸和，合於卦德，明不用壯，故曰「中行」。然君子之待小人，不惡而嚴，未聞以説陽説陰。陰惑陽明，五爲上所惑，故象曰：「中未光」。凡陽稱光，則五之光上揜之矣。爻言「莧陸」者，所以戒之。言「中行」者，所以勉之。三、五皆繫以「无咎」，而一失之壯，一失之和，皆不若九二之惕爲得中道，則知五之「无咎」，乃勉之之辭。言中行則无咎，苟一於和，則非中行矣，焉得无咎乎？坎五亦云「无咎」，而象言「中未大」者，以此説易者，徒觀象而不觀象，故失之。

[一] 周易集解：「虞翻曰：『莧，説也。莧，讀「夫子莧爾而笑」之「莧」。陸，和睦也』。」

韓昭侯曰：「吾聞明主愛一嚬一笑，嚬有爲嚬，笑有爲笑。」〔一〕俳優侏儒，左右近習人主，未命而唯唯，未使而諾諾，先意承旨，觀貌察色，以移主心，故人主一嚬一笑，能探其隱而得其情。然則五之莧陸，上能探而得之，乃能惑而移之，此漢之石顯所以惑孝元也〔二〕。上之爻辭曰：「无號，終有凶。」蓋爲衆陽設戒，言九五至尊，獨親於上，且説而與之和焉。則雖九二「惕號」，九三「有愠」，安能免於凶哉？象傳曰「剛長乃終」。而象傳曰：「終不可長。」其戒深矣、切矣，可不慎乎？可不懼乎？説者謂：莧當作莧，説文：「莧，山羊細角者，從兎足，讀若丸。」兑爲羊，故有此象，山羊而在陸，失其所矣。然莧從見，不從兎足，好事者爲之也。又云：莧陸卽商陸，爾雅謂之蓫葍艸也。〔三〕枝枝相值，葉葉相當。廣雅謂之馬尾，易謂之莧陸。其物有毒，陽中之陰，其味酸辛，其形類人，用以療水，其效如神〔四〕，上陰象之。又云：莧陸，二物。莧者，馬齒莧，陸者，商

〔一〕資治通鑑。
〔二〕漢書佞幸傳。
〔三〕爾雅：「蓫薚馬尾即商陸。蓫，他六反。」
〔四〕本草綱目：「商陸有毒，陽中之陰。其味酸辛，其形類人，其用療水，其效如神。」

陸。漢儒舊説，後儒從之〔一〕。以小艸喻小人，其説近是，然其物柔脆，决而去焉，一手之力耳，又焉用「孚號有厲，其危乃光」哉？以比一陰乘五剛，非其類也。唐扶頌曰：「耽經史兮履仁義，内和陸兮外奔赴。」〔二〕嚴舉碑曰：「慈順博愛，九族和陸。」〔三〕郭仲奇碑曰：「崇和陸，垂以仁。」〔四〕洪氏皆釋云：碑以陸爲睦，然則漢隸「睦」皆作「陸」矣。故仲翔曰：「陸，和也。」〔五〕自是正義，確然无疑，今人不講小學，罕見古文，故不信其説。

「上六，无號，終有凶。」舊解：「位極乘陽，故終有凶。」〔六〕非也。有凶，指衆陽，蘇氏軾曰：「无號者，不警也，陽不警，則有以乘之矣。」〔七〕象傳曰：「孚號有厲，其危乃光」。故九二「惕號」者，以此。一陰在上，以臨衆陽，脅制至尊，膠固内外，其位高，

〔一〕朱子語録「莧陸是兩物。莧者，馬齒莧。陸者，章陸，一名商陸。」
〔二〕見東漢文紀。
〔三〕見別雅。
〔四〕見別雅。
〔五〕和，周易集解引作「和睦」。
〔六〕周易集解引虞翻解。
〔七〕東坡易傳卷五：「无號者，不警也。陽不警，則吾或有以乘之矣，然終亦必凶。」

其根牢，高則莫能及，牢則不可摇。而衆陽從下決之，似易實難，似順實逆，雖羣賢同心協力，有如河中之木，泛泛東西，而一陰獨立王庭之上，有敢訟言誅之者，言未出口，禍不旋踵。故象傳謂之危，九二以爲惕，上六爻辭特爲之戒曰：「无號，終有凶。」此後漢竇游平〔一〕、陳仲舉〔二〕之象也。上六象宦官，後漢宦官之禍烈矣，天下賢人君子皆罹其毒，游平以太后之父而秉朝政，常有誅翦宦官之志，而仲舉爲太傅，亦素有謀於是，天下雄俊知其風旨，莫不延頸企踵，思奮其智力，如夬五陽共欲決去一陰之象。而陳、竇易而无備，不知警戒以爲之防，二人嘗共會朝堂，言及中常侍曹節等濁亂天下，共欲誅之。游平深以爲然，仲舉大喜，以手推席而起，由是上疏太后，且云：「願出臣章，宣示左右，並令諸姦知臣疾之。」〔三〕不以爲危，而沾沾自喜，故其輕脱若此，非所謂「无號，終有凶」者與！及謀洩，曹節等矯詔殺游平，而仲舉聞難作，與官屬諸生拔刃突入承明門，曹節之

〔一〕見後漢書竇武傳。
〔二〕見後漢書陳蕃傳。
〔三〕見後漢書陳蕃傳。

黨共圍而執焉。黄門從官騶咸踢蹴而詈之曰：「死老魅，即日害之」。〔二〕則无號之凶，至是而益驗矣。故聖人特於夬之上六，爲衆陽設戒，至深且切者，誠危之也。

象傳曰：「告自邑，不利即戎，所尚乃窮。」後漢何進之象與？進亦欲誅宦官，而力不能，乃召四方猛將及諸豪傑，使並引兵向京城。是時望氣者，以爲京師將有大兵，兩宫流血，而主簿陳琳入諫謂：「將軍總皇威，握兵要，乃反委釋利器，更徵外助。大兵聚會，强者爲雄，所謂『倒持干戈，授人以柄』，功必不成，祇爲亂階。」進不從，意更狐疑。此夬四爻辭所謂「其行次且，聞言不信」，亦爲宦官張讓等所殺。而進西召前將軍董卓至京師，漢遂亡矣。〔三〕漢不即亡於无道之桓、靈，而亡於召寇之何進，故夬之象辭明著「即戎」之戒焉。然則剛决柔，何道而能决去哉？君德光明，柔邪自息。九五「中未光」，故上六「終有凶」。終有凶者，若陳、竇之无號，何進之召寇，適足以亡天下而已。老子曰：「强大處下，柔弱處上。」夬之象也。柔勝强，弱勝大，是以聖人危之。

〔二〕見後漢書陳蕃傳。
〔三〕見後漢書何進傳。

象曰：「天下有風，姤。后以施命誥四方。」誥，或作詰，傳寫之訛。鄭康成、王肅本皆作詰，釋文音起一反，止也。[一]謂禁止姦慝。姤一陰生，姦慝將萌之象，故禁止之。書曰：「度作詳刑，以詰四方。」[二]謂禁止四方之姦慝也。晉易亦作詰，案：晉冬夏二至寢鼓兵議曰：「夏至少陰肇啓，殺氣始興，否、剝將至，大戚方來。宜鳴鼓開關，興兵駭旅，施命四方，詰其逆兆，以遏小人方長之害。二至之義，否、泰道殊，休戚宜異，寢鼓之教，不宜同也。」後漢魯恭曰：「夏至之日施命，令止四方行者，所以助微陰。」[三]豈其然乎？陽宜助，陰宜止，一陰初生，止之，非助之。在冬欲靜，在夏毋躁，巽究爲躁卦，毋躁者，所以止之，非所以助之也。故曰：「百官靜事，毋徑以定，晏陰之所成。」[四]晏，安也，陰稱安。若不清静，與人爲病，故當定之，定非止而何？妨姦於隱，除慝於微，亦

[一] 經典釋文：「誥四方。李古報反，鄭作詰。起一反。止也。王肅同。」
[二] 尚書呂刑：「惟呂命：王享國百年，耄荒，度作刑以詰四方。」
[三] 後漢書魯恭傳。
[四] 禮記月令。徑，四庫本作「刑」。

惟静以鎮之，乃云「鳴鼓開闢，興兵駭旅」，失之已甚矣。仲夏之月，門閭毋閉，順時令也。乃反止四方之行者，亦失之。其職在匡人。「后以施命」者，所謂「匡人達法則，匡邦國而觀其慝，使无敢反側，以順王命也」[一]。然則后施命，匡人達之，故姤卦取象焉。

姤初六象傳曰：「繫於金柅，柔道牽也」。説文：「牽，引前也，象引牛之縻。」[二]又曰：「臣，牽也，事君也，象屈服之形。」[三]臣服於君，妻服於夫，子服於父，故謂之牽，言能屈服之。牛雖大物，而性柔，故爲人所牽引，五尺童子亦能服牛，蓋得牽之道也。如失其道，則小物猶不能服，况大物乎？母曰「羸豕」，其形甚尪，中懷决躁，不可信也。倘以其躑躅，不前而信之，則引之漸進，其後將不可制矣。坤爲牛，初之象，上其角也，故曰：「初辭擬之，卒成之終。」[四]内經曰：「陽明者，午也，五月盛，陽之陰也，陽盛而

[一] 周禮匡人：「匡人掌達法則，匡邦國而觀其慝，使无敢反側，以聽王命也。」
[二] 説文解字：「牽，引前也。从牛，象引牛之縻也。玄聲，苦堅切。」
[三] 説文解字：「臣，牽也，事君也，象屈服之形，凡臣之屬皆从臣。」
[四] 繫辭。

陰氣加之，陽者衰於五月，而一陰氣上與陽始争。」故曰：「女壯，勿用取女。」能屈服之，則貞而吉，故萃二曰「引」，姤初曰「牽」。引與牽，屈而服之之謂也。陽盛則躍，陽莫盛於乾，初潛、二見、三行，至四而躍，盛陽之氣躍而上焉，孰能遏而止之哉？陰不能躍，蹢躅而已。初陰始凝，羸然弱也。卦目爲壯，而爻亦有戒辭者，蓋陽壯於四，陰壯於初，故四陽盛躍曰「大壯」，一陰蹢躅曰「女壯」。虞仲翔曰：「陽息震爲鼓，陰消巽爲舞。」蹢躅者，舞之象也。一説蹢躅曰牽，玉篇云：「蹢躅猶躑躅，行不進。」謂引之乃前，蓋牽之象，故曰「柔道」。牽言陰，不能獨進，必待陽之引，而後進。陰之爲害也，陽實使之，然唐之武后，在太宗時不過一宫人耳，非得高宗寵而貴之，且縱之使逞其意，焉能爲害於天下哉？然則「柔道牽」者，聖人非徒抑陰，乃所以戒陽與。説文：「蹢躅爲住足。賈侍中説：足垢也。」[二]姤之言垢，亦象豕形。説文：「疐者，礙不行，从叀。引而止之，叀象馬鼻，與牽同意。」[三]牽者，非進之，乃止之也。

[二] 説文解字「蹢，住足也，从足省聲。或曰蹢躅。賈侍中説：蹢躅也，直隻切。躅，从足，足垢也。蜀聲，直録切。」

[三] 説文解字「疐，礙不行也。从叀，引而止之也。叀者，如叀馬之鼻，从此。與牽同意。陟利切。」

「九二，包有魚，无咎。不利賓。」賓非衆之謂，謂一陰生之月，陰爲主，而陽爲賓，故五月之律名蕤賓。參同契曰：「姤始紀序，履霜最先。井底寒泉，十二消息，井當夏至。午爲蕤賓，賓服於陰，陰爲主人。」月令高氏注曰：「仲夏陰氣萎蕤，在下爲主，陽氣在上爲賓」，此之謂也。「不利賓」者，陰寖長，成遯，成否，成剥，而陽實有不利焉。二能包而有之，則害不及賓矣。伯勞夏至後應陰而殺蛇，磔之於棘，而鳴其上。蛇與魚皆陰象，殺蛇包魚，天道扶陽抑陰之義也。賓訓爲衆，吾未之前聞。一説：賓謂四也，五君位，四賓位，師臣者帝，賓臣者王[一]，四承五，五賓而禮之，故曰賓。何以知之？以觀四知之，觀四謂之「賓」，故姤四亦謂之「賓」也。公食大夫：「禮賓朝服如聘，即位於大門外，公如賓服，迎賓於大門内，大夫納賓，賓入門左。」所謂「賓而禮之」者，如此。及俎入，饗用腥，有玄酒、腥魚。食用孰。故魚腊飪，載體進奏。奏者，皮膚之理。魚七，縮俎，寢右。是古饗賓、食賓，皆以魚矣。四應初爻，四正當賓位，宜有魚。二比初陽爲客，雖不

〔一〕後漢紀：「陳元疏曰：師臣者帝，賓臣者王。」

當位，包而有之，未大失也，故无咎。公食魚七，而姤惟一，魚爲二所包，焉得兼及四乎？故象曰：「義不及賓也。」二爲不速之客，四爲苟敬之賓，一有魚而一无魚，有魚者无咎，則知无魚者必凶矣。言饗食賓客，故初象魚，以陰陽言，則初民象也，无魚猶可，无民可乎？故象曰：「无魚之凶，遠民也。」乾上无民，故動而有悔；姤四有民，而遠之，故不言悔而直言凶。九二包魚，九五包瓜，陽包陰也。否六二包承，六三包羞，陰包陽也。聖人一抑之，一扶之。否二曰「不亂羣」，否三曰「不當位」，抑之也，有戒辭焉。姤二曰「不及賓」，姤五曰「不舍命」，扶之也，有危辭焉。姤二非其有而有之，占曰「无咎」，然則齊之田氏厚施於民，民歌舞之，亦可謂之无咎與？非其有而有之，曰竊。田氏，竊國者也，焉得无咎？雖然，猶有説齊君厚斂，其民與之爲讎，盡驅而歸之田氏，則田氏之得民，又誰咎也？九四「无魚」，直謂之凶可矣，而曰「起凶」者，言四之民，四自遠之，非人奪之。則四之凶，四自起之，非天作之。民可近不可遠，遠民所以起凶。嗚呼！爲民上者，奈何不懼？

「九五，含章，有隕自天。」陰不可无陽，陽亦不可无陰，故剥必有復，夬必有姤。陽明曰見，陰暗曰含。復則天地之心，見於初；姤則天地之章，含於五。象傳曰：「天地相遇，品物咸章。剛遇中正，天下大行。」指九五也，故曰：「九五含章，中正也」。乾上以无民而有悔，姤四以遠民而起凶。天命在民心，民心離，則天命去矣。民心之離也，四自遠之，則天命之去也，四亦自舍之。九五大中至正，民心離而復合天命，去而復歸，故有「有隕自天」之象。紂曰：「我生不有命在天乎？」[一]責命於天，是爲舍命，蓋有志焉。君子不謂命也，志能立命，命自歸之，故曰：「有隕自天，志不舍命也。」

以杞包瓜，未詳。孔子之所不言，則我安能言哉？或曰：「天子樹瓜華，不斂藏之種也。」[二]上不斂藏，則下无厚斂，以厚斂之民，而遇厚施之主，猶渴馬見圃池，誰能禁止之？此齊景公及簡公之民所以盡歸田氏也。天子之圃，杞柳爲藩，惟樹瓜華而已，言不畜藏，與民爭利，故民心不失，而天命復凝者，以此。一説：杞象陽，瓜象陰，杞包瓜，

[一] 尚書西伯戡黎：「王曰：『嗚呼！我生不有命在天？』」
[二] 禮記郊特牲。

陽包陰之象。虞翻謂：「乾圓稱瓜。」失之。「在木曰果，在地曰蓏。」〔二〕故剥上象果，姤初象瓜。地毬圓瓜象地。杞包瓜者，猶以樓皮裹松脂也。坤爲文，乾包坤，故有含章之美。乾之姤五天位，故曰：「有隕自天。」言若降自天然。墨子非命篇曰：「昔者三代之暴主，耳目之淫，心志之辟，内沉於酒，外娱於田，以亡天下。不曰我罷不肖，必曰我命固且亡。三代之窮民，内不能事親，外不能事長，惡恭儉而好驕淫，貪飲食而惰從事，使身有饑寒之憂，不曰我罷不肖，必曰我命固且窮。」仲虺之書曰：「我聞有夏人矯有命，布命於下，帝式是惡，龔喪厥師。」〔三〕龔喪，一作用闕，一作用爽。闕與爽，猶喪也。僞孔傳訓爽爲明，失之。以无爲有，故曰矯，若果有命，豈謂矯哉？大誓曰：「紂夷居，不肯事上帝，弃厥先神禔不祀，乃曰我有命，毋僇其務。」〔三〕說文：「癡行僇僇。一曰：且也。」今作罔懲其侮。〔四〕天亦縱

〔二〕儀禮既夕。

〔三〕尚書仲虺之誥：「夏王有罪，矯誣上天，以布命於下。帝用不臧，式商受命，用爽厥師。」

〔三〕尚書泰誓：「惟受罔有悛心，乃夷居，弗事上帝神祇，遺厥先宗廟弗祀。犧牲粢盛，既於凶盜，乃曰：吾有民有命，罔懲其侮。」

〔四〕今本尚書。

之，弃而弗葆，言紂歸之命，天命亦弃之。志不舍命者，人定能勝天也。一説：以杞包瓜者，猶太玄所謂「蒼木維流厥美，可以達於瓜苞」〔二〕也。蒼木謂杞，流謂下垂，瓜苞得以蔓延而上達焉。君施仁於民之象。禮曰：「上酌民言，則下天上施。」〔三〕所謂「有隕自天」，以此。厥美，謂含章也。墨子異端，其言亦本於經，故引之，以證「志不舍命」之義。

「地上有水，比。」「澤上於地，萃。」比五一陽居尊，上下皆應，无不順從。萃有二陽，四逼近五，下三陰或欲從四，或欲從五，无所適從。故比初有孚，一心向五。萃初有孚，不終九五，亦有「匪孚」之象。如楚漢方爭天下，諸侯王或從楚，或從漢，或始從楚，又叛從漢，或始從漢，又叛從楚。故初「乃亂乃萃」，三「萃如嗟如」，與五正應。其中未變，惟六二一爻而已。初雖應四，後卒從五，心懷狐疑，故曰「若號，一握爲笑。」其握，古文作臺，中心爲臺，一名靈臺，臺誤爲臺，故一作靈臺。淮南子曰：「不喜則憂，

〔二〕太玄經：「次三，蒼木維流厥美，可以達於瓜苞。」

〔三〕禮記坊記：「子云：上酌民言，則下天上施。上不酌民言，則犯也；下不天上施，則亂也。」

中未嘗平。𡑞无所鑒，謂之狂生。」[二]然則一握猶一心，一心欲應四，又一心欲從五，羣陰迷亂，忽喜忽憂，時號時笑，𡑞无所鑒，謂之狂。故象曰：「其志亂也」。如黥布叛楚歸漢，始欲自殺，終乃大喜過望，故曰「勿恤，往无咎」。初之恤，三之嗟，上之涕洟，一也，皆所以狀其先迷後覺之情，故皆繫以无咎。三近承四，亦知非正，而欲從正，其志不果，首施兩端，故无攸利。小吝，蓋九五志未光，是以其下或從或否，如能懷才抱義，終必悔亡，言天下皆悦而從之也。九四立大功，獲大吉，位據衆陰而人不疑，功高天下而主不忌，則剛中而應，利見大人。萃皆以正矣。説易者拘於初應四、二應五、三應上之例，則比五一陽，曷爲而上下應乎？頤上非君位，故有「拂經」之嫌，否則合天下而從一人，何嫌？何疑？豈必二、五而後爲正應哉！

案内經春變動爲握，夏變動爲憂，長夏變動爲噦，秋變動爲欬，冬變動爲慄。[三]楊上善曰：「握、憂、噦、欬、慄五者，皆改志之名，故曰變動。」易言一握，亦變動之情，志

[二] 淮南子詮言訓：「不喜則憂，中未嘗平。持無所監，謂之狂生。」

[三] 見黄帝内經素問陰陽應象大論篇。

亂之兒。故淮南子以爲狂生，合之象辭，其説信矣。或據内經握訓爲變，言初若號咷，一變爲笑，蓋先迷而後覺也，其説亦通，當兩存焉。爾雅：「握，具也，與屋通。」〔一〕康成箋詩，夏屋訓爲大具〔二〕，故其注易，讀握爲屋，小兒。淮南子高誘注曰：𡐿，持也，所鑒者玄德。見李善文選注。俗本淮南子无注。𡐿誤爲持，鑒誤爲監，先秦諸子之書皆然，安得有博古者正之？俶真訓曰：「内守其性，耳目不燿，思慮不營，其所居神者，𡐿簡以游太清。」俗本𡐿誤爲臺，高註亦訓爲持〔三〕，然則𡐿誤爲臺久矣。𡐿簡謂心之靈。莊子曰：「靈𡐿者，有持而不知其所持，而不可持者也。」〔四〕郭注云：「靈𡐿謂心。」〔五〕許慎、高誘皆訓𡐿爲持〔六〕，本於莊子，俗誤爲臺，司馬彪、陸德明博極羣書，皆不知其誤甚矣。小學之難言也！説文：「𡐿從至，猶觀也，四方而高，與屋同義。」〔七〕釋

〔一〕爾雅釋言「握，具也。」鄭注：「權輿云：『夏屋渠渠』。箋云：屋具也。握即屋字。」

〔二〕毛詩權輿：「於我乎，夏屋渠渠。」傳：「夏，大也」。箋云：「屋具也。渠渠，猶勤勤也。」

〔三〕吕氏春秋高誘注：「臺，持。」

〔四〕莊子庚桑楚：「靈臺者，有持而不知其所持，而不可持者也。」

〔五〕莊子注：「靈臺者，心也。清暢，故憂患不能入。」

〔六〕説文解字：「握，搤持也。从手、屋聲，於角切。𡐿，古文握。」

〔七〕説文解字：「臺，觀。四方而高者，从至，从之，从高省，與室屋同意。徒哀切。」

名亦訓爲持[一]。廣雅云：「臺，輩也，待也，支也。」[二]未聞訓爲心，則臺非心，亦明矣。靈臺者有持，猶孟子之求放心[三]，不知其所持者，有放心而不知求，易動而難持者，惟心，故曰不可持。持猶操，「操則存，舍則亡」[四]，其心之謂與！注莊子者不明，故并及之。

「初六，⿰⿱中夲允升，大吉。」⿰⿱中夲允，進也，从中，从夲，允聲。說文中爲上出，本爲疾趨，皆進之義。引易曰：「⿰⿱中夲允升」。「⿰⿱中夲允升」者，進升。向南爲進，反北爲退，故卦辭曰：「南征吉」。南征者，⿰⿱中夲允升之謂也。俗誤爲允，訓爲當[五]，又訓爲信[六]，失之。京氏曰：「升陽升陰，而陰道凝盛，未可便進，進以漸曰升卦，雖陰而陽，用事陽。」[七]用事者，謂巽飛震

[一]釋名：「臺，持也。築土堅高，能自勝持也。」

[二]廣雅：「周、儕、等、比、倫、匹、臺、敵、讎，輩也。」「崪、離、空、稗、臺，待也。」「臺，支也。」

[三]見孟子告子上。

[四]見孟子告子上。

[五]王弼注：「允，當也。」

[六]伊川易傳：「允者，信從也。」

[七]京氏易傳：「升陽升陰，而陰道凝盛，未可便進。漸之曰升，升者，進也。卦雖陰而取象於陽，故曰以陽用事。」

伏，巽陰伏震陽升，乃震之四世，四臨世，初應之，土下見木，内外俱順，故初有「粇升，大吉」之占，四有順事岐山之象。然則上合志者，指四與初，非指二、三也，四初合志，故柔以時升。坤位西南，故南征吉。我是以知京氏世應之説必本於古矣。二中有孚，故有喜；三前无阻，故无疑。有喜則輕，无疑則速，皆非時升，故不言吉。則二之孚，三之虚，不若四之順也。又四互兑，故乾鑿度曰：「六四蒙澤而居，山澤通氣」〔一〕，兑在西方，故有岐山之象。二用禴，祭於廟；四用享，旅於山，其内外之象乎？君子順德，由小而大，自卑而高。初升至四，合志之驗，亦得志之符。至五而大，至上而高，升之極也。京氏曰：「升至於極，至極而反，以修善道，而成其體。」〔二〕則上爲升道之成矣。荀氏曰：「坤性暗昧，故曰『冥升』。陰用事爲消，陽用事爲息。陰雖在上，陽道不息，故曰：『利於不息之貞』。」〔三〕

〔一〕未見於今本乾鑿度。

〔二〕京氏易傳：「自下升高，以至於極，至極而反。以修善道，而成其體。」

〔三〕周易集解：「荀爽曰：坤性暗昧。今升在上，故曰『冥升』也。陰用事爲消，陽用事爲息。陰正在上，陽道不息。陰之所利，故曰『利于不息之貞。』」

「六五，貞吉，升階。」何謂也？自庭升堂，故稱階。太玄去首之次三曰：「高其步，之堂，有露。」三爲進人，故稱步五爲堂。自三之五，其步高，其視遠。升不以禮，未得其階，故測曰：「妄升也」[二]。六五之升，既貞且吉，得其階矣。揖讓而升，從容中禮，非盛德之至而能若是乎？有升斯有降，故程鄭問降階。程鄭，小人也，未知升，焉知降？其象亦在去首之次五，曰：「攓其衣，之庭有蘽」。自堂之庭，非降而何？蘽之言迷也。升則高步，降則攓衣，進退无禮，故謂之迷。「冥升」者，迷之象也，先迷失道，得主有常，故消於不富，利於不息，上位高故，其象如此。京氏謂：「陽用事者，亦以此天行不息」。易言不息者，皆陽也。

[二] 太玄經：「測曰：高步有露，妄升也。」

卷五

「九二，困於酒食，朱紱方來，利用亨祀。征凶，无咎。」古者周公旦非關叔，古關、管通。辭三公，東處於商，人皆謂之狂，後世稱其德、揚其名，至今不息，此困二之象與。伐柯美公，其卒章曰：「我覯之子，籩豆有踐。」踐，行列貌，謂以饗燕之饌，歡樂以説之，所謂「困於酒食，中有慶也」。坎爲酒食，需五困二，兩卦之主皆有酒食之象。以燕以樂，謂之需；既醉既飽，謂之困。困者，厭飫之名，九二困而亨，故其象如此。九罭美公，其首章曰：「我覯之子，衮衣繡裳。」言大魚處小綱，非其宜，聖人處小邑，亦非其宜。王欲迎公，當以卷龍之衣、上公之服，往迎之，所謂「朱紱方來」也。方來者，猶未來之辭，於是望其來，又恐其來而公遂去，故曰：「是以有衮衣兮，无以我公歸兮，无使我心悲兮。」〔二〕

〔二〕 毛詩九罭。

洛誥：「公欲退老明農。王賜以秬鬯二卣，曰明禋，公不敢宿。」「則禋於文王、武王。」所謂「利用亨祀」也。公爲陰揜，辟處於東，降來居二，位雖不正，得中有實，所謂「征凶，无咎」也。故蹇之二、困之二皆象公者，以此。

困之五，成王之象與！頌之小毖，「嗣王求助也」[一]，曰：「莫予荓蜂，自求辛螫。」言莫敢摩曳，譎詐誑欺，自取辛苦毒螫之害。辛苦毒螫，劓刖之象，志未得也。上陰揜剛，管、蔡誤王，周公孫辟，國用弗康。故曰：「未堪家多難，予又集於蓼。」[二]所謂「困於赤紱」也。赤紱，猶朱紱，指九二。王猶疑公，二、五未孚，時方多難，予集於枯，「困於赤紱」者，所謂「公无困我」與！王卒悔悟，往迎周公，公來相予，天下和同，所謂「乃徐有説，以中直也」。王賓殺禋，咸格作册，命周公王，入太室祼。所謂「利用祭祀，受福」之象也。卦以二、五成困，亦以二、五而亨，困而不失其所亨，其惟君子乎！

「九四，來徐徐，困於金車，吝，有終。」昏禮諸侯親迎，乘金車。九四來迎初六，而

[一] 毛詩小毖。
[二] 毛詩小毖。

初入於幽，不可得見，故九四乘金車而來，徐徐而不進，志在初而不得見初之象也。初入幽谷，非二隔之，二方處困，焉能困人？且二爲困亨之君子，豈有君子而困人者哉？四志在初，猶魏文侯欲見段干木，段干木辟之而不見[一]，以諸侯下賢而不得見焉，似可羞吝矣。然魏文侯之名，光於天下，顯於諸侯，皆卜子夏、田子方、段干木三士羽之而然。漸上九所謂「其羽可用爲儀」也。故象曰「有與」，爻曰「有終」，兑金坎輪，故有金車之象。虞氏謂困自否變：「否上之二成困。」否、乾爲金車，豈其然乎？

「初六，井泥不食，舊井无禽。」初象廢井，人所不食，亦无人祀之者也。五祀門户，中霤井竈。白虎通云：「户以羊，竈以雉，中霤以豚，門以犬，井以魚。」[二]魚爲川禽，故稱禽。易林井之繇曰：「老河空虛，舊井无魚。」廢井无人祀之，故无魚，言不食者亦不祭也。逸周書曰：「若農之服田，務耕而不耨，維草其宅之。既秋而不穫，維禽其饗之。」[三]

[一] 孟子滕文公下：「古者不爲臣不見。段干木踰垣而辟之。」
[二] 白虎通義五祀：「户以羊，竈以雉，中霤以豚，門以犬，井以豕。」
[三] 逸周書大開武解：「若農之服田，務耕而不耨，維草其宅之。既秋而不穫，維禽其饗之。」

井不渫而禽不饗，吾未之前聞。一説：水中有火，故井互兑、離，兑爲澤，離爲鳥，鳥集於澤，不集於井，故井无禽，四不應初之象也。一説：井者，東方。春諸跂行喘息，蜎飛蠕動，當生之物，莫不以春生。歲始春，日始甲，故以井爲始焉〔一〕。井、巽爲魚，魚者，井中蟲蜎，即初之禽，二之鮒。井二射鮒，猶姤二包魚，井鮒爲二所射，故初无禽。猶姤魚爲二所包，故四无魚也。吕氏月令：「冬祀行。」淮南時則訓：「冬祀井。」而難經井屬春。〔二〕井水生木，木王春，本上有水，「勞民勸相」，春耕之時也。井水夏寒，「井洌寒泉」之象，故卦圖井當夏至，則井之有功於人，在春夏矣。至冬報其功，故冬祀井。

「九二，井谷射鮒。」按：井止水，谷流水，井非谷也。爾雅：「水注川曰谿，注谿曰谷，注谷曰溝，注溝曰澮，注澮曰瀆。」〔三〕皆流水轉相灌注所入之名。故春秋陽穀之會，

〔一〕難經本義：「井者，東方，木也。萬物之始生，諸蚑行喘息，蜎飛蠕動，當生之物，莫不以春生。故歲數始於春，月數始於甲，故以井爲始也。」

〔二〕同上。

〔三〕爾雅釋水：「水注川曰谿，注谿曰谷，注谷曰溝，注溝曰澮，注澮曰瀆。」

齊桓公曰：「无障谷。」言无障斷川谷專水利也。〔一〕則谷乃流水，非止水之井，信矣。流水之湍激者，其象爲射，故曰：「井谷射鮒。」井兼名谷，蓋井渠也。河渠書：「自徵引洛水至商顔下，岸善崩，乃鑿井，深者四十餘丈，往往爲井。井下相通行水，水穨以絶商顔，東至山嶺十餘里間，井渠之生自此始。」〔二〕非也。易稱井谷，則井渠自古有之，非始於漢矣。井乃止水，其道上行。汲者，上行之象，不上行而下注谿谷，明上无應與，故莫之汲，徒射鮒而已。象言「无與」者，以此。春秋矢魚〔三〕，易稱射鮒，似矢魚者，射魚也。然易林曰：「操笱搏狸，荷弓射魚，非其器用，自令心勞。」言捕狸不以笱，罔魚不以弓，則古无射魚之事矣。公羊云：「百金之魚公張之。」張之者，謂張大之。齊語名爲登來，登來者，美大之之辭也〔四〕。何休云：登讀爲得，齊人語作登者，其言大而急，由口授也。然謂張之「張

〔一〕春秋公羊傳注疏僖公三年：「桓公曰：『無障谷。』」注：「無障斷川谷專水利也。」

〔二〕史記：「於是爲發卒萬餘人穿渠。自徵引洛水至商顔下，岸善崩。乃鑿井，深者四十餘丈，往往爲井，井下相通行水，水穨以絶商顔。東至山嶺十餘里間，井渠之生自此始。」

〔三〕左傳隱公五年：「五年，春，公矢魚於棠。」

〔四〕左傳隱公五年：「登來之也。」注：「登來，讀言得來。得來之者，齊人語也。齊人名求得爲得來。作登來者，其言大而急，由口授也。」

罔之」，屬誤矣。或引漢武射蛟〔一〕爲證，豈其然乎？爻言「甕敝漏」，何謂也？甕一作罋，説文：「八家一井，象構韓形中一●罋之象也。」井變爲谷，罋象壞矣，爻言「敝漏」者，以此。

「革，已日乃孚。」「九三，革言三就，有孚。」「九四，有孚改命，吉。」「九五，未占有孚。」乾爲孚，革互乾，故乾三爻皆曰有孚。坎之行險而不失其信者，坎中體乾也。乾三爻在需則曰三人，乾爲人；在革則曰三就，乾爲就。易傳曰：「物有始、有壯、有究，故三畫成乾。」〔二〕又曰：「一變爲七，七變爲九，九者，氣變之究也。」〔三〕就之言究也，凡物至秋、冬則老，而成就。乾老陽，故乾稱就，乾以三就，坤以六成。坤用六而乾用九者，就於三，究於九也。乾三畫，其象爲三人，其義爲三就。三人占，則從二人之言，況三人皆曰吉乎？故象曰：「革言三就，又何之矣？」言順應天，人俟之而已，又何往也？三

〔一〕漢書武帝紀：「自尋陽浮江，親射蛟江中，獲之。」
〔二〕乾鑿度：「物有始、有壯、有究，故三畫而成乾。」
〔三〕列子、乾鑿度。

曰「征凶，貞厲」，四曰「悔亡」，至五則不待占而知其吉矣。然則「三就」者，革於三、改於四、變於五，革之循序而有漸，又如此。三言征凶者，周之五年養晦，須暇之時與？坎戊離己，離爲己日。革物者，莫若火，乾金雖精，得離乃成二，爲離主，故六二爻辭曰：「己日乃革之」。則卦辭「己日」指離何疑？納甲之説，實本於易，蠱甲，巽庚，革己，其尤著者也。説文：「己，象人腹。」〔一〕離爲大腹，則己日指離，益信矣。王弼曰：「陰不能自革，革己乃能從之。」爻言革，不言從，此弼之臆説，何足信哉？

或曰：乾爲孚，中孚无乾象，何也？中孚應乎天，天非乾而何？剛得中，故應乎天，此乾爲孚之義也。革本乾，二女居之，乾道乃革，故中女革之始，少女革之終。坎流戊，離就己，皆本乎乾。坎得乾而流，離得乾而就，就之言熟也，善也，成也。思之熟，行之善，故離歷三陽，而革道成矣。一説：三就，謂用刑，凡卦有離者，皆言刑。湯武革命，大刑用甲兵也。虞書曰：「五刑有服，五服三就。」〔二〕大辠於原野，大夫於朝，士於市。〔三〕

〔一〕説文解字：「己，中宮也，象萬物辟藏詘形也。己承戊，象人腹。凡己之屬皆从己。」

〔二〕尚書舜典：「汝作士，五刑有服，五服三就。」

〔三〕尚書舜典：「大罪於原野，大夫於朝，士於市。」

周書曰：「五辭簡孚，正於五刑。」〔一〕又曰：「獄成而孚。」〔二〕此之謂三就。有孚，象曰：「又何之矣？」之猶讞也，獄疑則讞言，三就有孚，又何疑也？象曰：「澤中有火，革。君子以治曆明時。」夏書曰：「先時者殺无赦，不及時者殺无赦。」〔三〕先時、後時，昏迷天象，其辠死，古法之嚴若此。然則治曆安有不明時者哉？後世失其傳，曆法不明久矣。至元而後曆法明，至本朝而後大明。

「木上有火，鼎。君子以正位凝命。」天命靡常，惟德是輔。凝命者，修德以凝道也，故曰：「苟不至德，至道不凝焉」〔四〕。王者位乎天位，憑權藉勢，能兼而有之，不能有而凝之。荀子曰：「兼并易能也，惟堅凝之難焉。齊能并宋，而不能凝也，故魏奪之；燕能并齊，而不能凝也，故田單奪之；韓之土地方數千里，完全富具以趨趙，趙

〔一〕尚書呂刑：「五辭簡孚，正於五刑。」

〔二〕尚書呂刑：「獄成而孚，輸而孚。」

〔三〕尚書胤征：「先時者殺無赦，不及時者殺無赦。」

〔四〕中庸：「故曰：苟不至德，至道不凝焉。」

不能凝也，故秦奪之。能并之而不能凝，則必奪。古者湯以薄〔一〕、武王以滈，皆百里之地，天下爲一諸侯。爲臣无他，能凝之也。故凝士以禮，凝民以政，禮修而士服，政平而民安，士服民安，夫是之謂大凝。」〔二〕然則秦并七國，一統天下，而不能凝，荀子早已知之矣。政不平，禮不修，士不服，民不安，十三年而秦亡。自古亡天下，未有如秦之速者，能并之而不能凝也。正位凝命，古帝王長有天下數百年者，惟能凝之而已。易獨於鼎象言之，何哉？成王定鼎於郟鄏，定鼎謂之凝命。鼎，神物也，故德之休明，雖小亦重；其奸回昏亂，雖大亦輕。有勢者不敢干，有力者莫能舉，鼎定而命凝焉，其誰奪之？昔者夏后開使蜚廉折金於山川，而陶鑄之於昆吾，乃使翁難卜於白若之龜，曰：「鼎成三足而方，不炊自烹，不舉自臧，不遷自行，其兆之由曰：逢逢白雲，東西南北，

〔一〕薄，四庫本作「亳」。
〔二〕荀子議兵篇：「兼并易能也，唯堅凝之難焉。齊能并宋，而不能凝也，故魏奪之；燕能并齊，而不能凝也，故田單奪之；韓之上地方數百里，完全富具而趨趙，趙不能凝也，故秦奪之。故能并之而不能凝，則必奪；不能并之，又不能凝，其有則必亡；能凝之，則必能并之矣。得之則凝，兼并無彊。古者湯以薄、武王以滈，皆百里之地，天下爲一諸侯。爲臣無他故焉，能凝之也。故凝士以禮，凝民以政，禮修而士服，政平而民安。士服民安，夫是之謂大凝。以守則固，以征則彊。令行禁止，王者之事畢矣。」

九鼎既成，遷於三國，夏遷之殷，殷遷之周，夏、殷、周之相受者，數百年矣。」〔二〕然則鼎之不遷於秦也，古之卜者先見之。故至秦而鼎亡，莫知其所在，豈非神物哉？豈非神物哉？不能定鼎，焉能凝命？夏后鑄鼎，以傳後王，非徒和五味也。「享上帝」、「養聖賢」，亦所以凝之之道與！秦不郊天，是不享上帝也；焚書坑儒，是不養聖賢也。故曰：不能定鼎，焉能凝命？

「九三，鼎耳革，其行塞，雉膏不食。方雨虧悔，終吉。」按：禮有陳鼎，特牲、少牢，當祭之晨，皆陳鼎於門外，俟羹飪而後實焉〔三〕。烹之於鑊，升之於鼎，載之於俎。然則陳鼎不以烹，非大烹也。享上帝、養聖賢，謂之大烹，蓋函牛之鼎也，其容一斛，天子

〔二〕墨子耕柱：「昔者夏后開使蜚廉折金於山川，而陶鑄之於昆吾，是使翁難雉乙卜於白若之龜，曰：鼎成三足而方，不炊而自烹，不舉而自藏，不遷而自行，以祭於昆吾之墟。上鄉，乙又言兆之由，曰：饗矣。逢逢白雲，一南一北，一西一東，九鼎既成，遷於三國。夏后氏失之，殷人受之；殷人失之，周人受之。夏后、殷、周之相受也，數百歲矣。」

〔三〕見儀禮之特牲饋食禮、少牢饋食禮、有司徹等。

飾以黄金，諸侯白金，足象三〔一〕台，皆作鼻目，以爲飾焉。函牛之鼎，不可以烹雞，少洎之則焦，多洎之則淡而无味，故曰：「雉膏不食。」言不可食。象傳所謂「失其義也」。象言失其義者，一鼎耳，二雉膏，熟物謂之革。言鼎耳不可以熟物，雉膏不可以鼎烹，象舉一而兼二，其例皆然矣。三、四象鼎腹，而三敵應在上，故象耳；四正應在初，故象足；鼎以耳行，以足止，足折則不能止，耳革則不能行。不能止，則喪其鼎矣，故凶不能行，雖未至於凶，亦未免於悔，蓋三迫近火，故「耳革」。在下卦之上，亦改革之時，而互有澤象。三、四、五互兑。水火相濟，則剛柔節而陰陽和，故曰：「方雨虧悔。」又三得正，故「終吉」。

鼎取比，不取應，五比上，不應二；上比五，不應三；三與上本不相應，故无不利。二應五，故稱疾；四應初，故稱凶，明鼎之无取於應矣。耳有二，故五陰象耳；鉉惟一，故上陽象鉉。以全卦言之，初爲空鼎，雖顛无咎；二則有實，當慎所之；三爲鼎之烹，四爲鼎之盈，烹則不行，盈則必傾。五耳而兼鉉者，五與上比，鼎道乃成。鉉者，鼎之蓋

〔一〕三，四庫本作「上」。

也，蓋爲尚温，或謂之扃，或謂之鼏。扃貫以舉鼎，長者三尺，短者二尺，木爲之鼏，覆以辟塵，尊鼏以布。鼎鼏以編茅爲之，皆非鉉也。鉉飾以金玉而在耳上，非蓋而何？儀禮歸饔餼鼎九，陪鼎三，設扃鼎，膷、臐、膮蓋扃鼏〔一〕，言設蓋在鼎上，故不言設，則禮之蓋，即易之鉉，明矣。鼎不皆有蓋，獨膷、臐、膮有蓋者，尚温也。其餘无蓋者，以鼏覆可知。舊説皆誤，以俟後之博物者詳而正焉。

「六二，億喪貝。」「六五，億无喪，有事。」億，讀如抑，億與抑通，音、義皆同。文王世子曰：「凡學，春官釋奠於先師。」鄭注云：「周禮：凡有道者、有德者，使教焉，死則以爲樂祖，祭於瞽宗。此先師之類，若漢禮有高堂生，樂有制氏，詩有毛公，書有伏生，億可以爲之也。」〔二〕億可以爲之者，猶言抑可以爲之也，與論語「抑爲之不厭」〔三〕同。

〔一〕見儀禮聘禮。

〔二〕禮記文王世子：「凡學，春官釋奠於其先師，秋冬亦如之。」注：「官謂禮、樂、詩、書之官。周禮曰：『凡有道者，有德者，使教焉。死則以爲樂祖，祭於瞽宗。』此之謂先師之類也。若漢禮有高堂生，樂有制氏，詩有毛公，書有伏生，億可以爲之也。」

〔三〕論語述而。

陸氏釋文亦音抑〔一〕。後儒訓爲度〔二〕，失之。或云：億貝，猶意錢，今之錢，古之貝也。吾聞漢有意錢之戲〔三〕，未聞古有意貝之戲，以此説經，不亦妄乎？古音抑讀爲懿，大雅抑戒，楚語作懿戒〔四〕，懿與億同音。

「六二，震來，厲。億喪貝，躋於九陵，勿逐，七日得。」九陵之象未明，説者皆鑿。此周易也，當以周禮證之。周禮朝士職曰：「凡得獲貨賄、人民、六畜者，委於朝，告於士，旬而舉之。」注云：「舉之謂殁入官，委於朝十日，待來識之者。」〔五〕過十日而无人來識，則殁入官。司市職曰：「凡得貨賄、六畜者，三日而舉之。」〔六〕然則喪貝在市三日，在

〔一〕經典釋文：「億可，本又作噫，音抑。」
〔二〕伊川易傳：「億，度也。」
〔三〕見後漢書梁統列傳。
〔四〕國語楚語：「於是乎作懿戒以自儆也。」
〔五〕周禮朝士注：「俘而取之曰獲。委於朝十日，待来識之者。……鄭司農云：『若今時得遺物及放失六畜，持詣鄉亭縣廷。大者公之，大物没入公家也。小者私之，小物自畀也。』」
〔六〕周禮司市：「凡得貨賄、六畜者，亦如之，三日而舉之。」

朝十日，而後舉之。在市未滿三日，在朝未滿十日，猶可識而復得焉，周之法也。爻稱七日，則在旬之内矣。躋於陵，猶委於朝，不稱朝而稱陵者，易言象，使人以象求之，朝有九重，闕有九棘，九陵之象也。書曰：「勿敢越逐，祗復之。」[一]越逐者，在國越鄉，在軍越伍，越伍有常刑，越鄉入圜土，故喪馬、喪茀，皆曰勿逐，豈非時王之制乎？凡失物而占，遇此爻，不必追尋，旬内自得。以此推之，則六十四卦无虚象，信矣。其義則二、五雖皆乘剛，初「震來，厲」，四「震遂泥」，故五无喪而二不能无喪。喪而復得者，二、五皆在中也。鶡冠子曰：「移徙去就，家與家相受，人與人相付，亡人奸物，无所穿竄。」[二]周官之灋如是，喪貝勿逐自得者，以此。

「艮其背，不獲其身，行其庭，不見其人，无咎。」坤爲身，艮爲背，或行或止，皆身爲主，而背隨之。故爻辭「艮其趾」、「艮其腓」、「艮其限」、「艮其身」、「艮其輔」，皆

[一] 尚書費誓：「馬牛其風，臣妾逋逃。勿敢越逐，祗復之。」

[二] 鶡冠子：「若有所移徙去就，家與家相受，人與人相付。亡人姦物，無所穿竄，此其人情物理也。」

言身，而不及背也。一陽止於坤，上成艮而象背，則一身皆統於背，背爲主而身不得自由。呂氏春秋曰：「耳目鼻口，不得擅行，必有所制譬之，若官職不得擅爲，必有所制。」[一]制之者，禮也，非禮則勿言、勿動、勿視、勿聽[二]，此「艮其背，不獲其身」之義也。故莊子曰：「水之性，不雜則清，莫動則平，鬱閉而不流，亦不能清。」[三]時止則止，時行則行，天德之象。靜而與陰同德，動而與陽同波，動靜隨時，若不得已。去知與故，循天之理，此之謂「不獲其身」。不獲其身，非无身也。老子曰：「吾所以有大患者，爲吾有身，及我无身，吾有何患？」无身而後无患，陋矣。君子止於其所，有身若无身，何患之有？人皆知有用之爲用，莫知无用之爲用。讀易至艮卦，而後知无用之爲用也，大矣哉！人之一身，五官、四體皆有用，而背獨无用。惟其无用，所以无意、无必、无固、无我，而孔子爲聖之時，蓋深有得於艮之道也。由是一身之有用者，皆不敢自用，則凡言、動、視、聽，悉由乎天則，而非禮不得干焉，自古未有縱體肆意，而制度可以爲天下

[一] 呂氏春秋：「由此觀之，耳目鼻口，不得擅行，必有所制。譬之若官職，不得擅爲，必有所制。此貴生之術也。」
[二] 論語顔淵：「非禮勿視，非禮勿聽，非禮勿言，非禮勿動。」
[三] 莊子刻意：「水之性，不雜則清，莫動則平，鬱閉而不流，亦不能清，天德之象也。」

儀者也。故「不獲其身」，乃合乎道，正其形，壹其度，則宇泰定而天光發矣，豈必墨墨恢恢，若槁木死灰哉？

艮象門庭，一爲室，二爲户，三爲庭，四爲門。「行其庭」，謂三也，三互震，震爲行，其人謂上也。乾爲人，坤爲鬼，三、上皆乾，故稱人。言兩艮相背，不相見也。禮，天子外屏，諸侯内屏，大夫帷，士簾。[一]所以隔絶門庭，使内外不相見，故曰：「行其庭，不見其人。」「艮爲鬼門，一陽二陰，物之生於冥昧，氣之起於幽蔽。艮者，山也，積陽成體，萬靈所止，起於冥冥，衆物歸之，静如幽暗，不顯其路，故曰鬼門。」[二]所謂「不見其人」者，亦以此。然而冥冥之中，獨見曉焉，的然者亡，闇然者章。大學：「欲明明德，必先知止。」此聖人所以定之，以中正而主静也，故曰：「其

[一] 禮記郊特牲鄭注：「禮，天子外屏，諸侯内屏，大夫以簾，士以帷。」

[二] 易緯乾坤鑿度：「艮爲鬼冥門。上聖曰：一陽二陰，物之生於□昧，氣之起於幽蔽。地形經曰：山者，艮也。地土之餘，積陽成體，石亦通氣。萬靈所止，起於冥門。言鬼其歸也。衆物歸於艮，艮者，止也。止宿諸物，大齊而出，出後至於吕申。艮静如□暗，不顯其路，故曰鬼門。」

道光明。」艮體篤實，輝光，日新，此之謂與！虞仲翔謂：「艮卦，觀五之三。」〔一〕非也。伏羲先作八卦，由八卦變爲六十四卦，安得觀變爲艮乎？漢儒卦變之說，必不可通。艮爻初趾、二腓、三限、四身、五輔，而不言背，何也？上九，背之象也，爻曰「敦艮」，象曰「厚終」。一身之敦厚者，莫如背，六爻上九獨吉，不言背，而背象見焉矣。背在後，故比上爲後夫，背之象也。比上爲背〔二〕，艮上豈非背乎？比上背五，故凶；艮上背三，故吉。比背凶，艮背吉，惟其時而已。老子曰：「負陰而抱陽。」謂人背北面南。内經曰：「背爲陽，腹爲陰。」〔三〕謂負陰者陽，抱陽者陰。背負陰，故其象鬼冥；背體陽，故其道光明。陰暗昧而陽光明也。

「九三，艮其限，列其夤，厲薰心。」限爲身半，内經謂之天樞。天樞之上，自身半以上，其氣三，天之分也，天氣主之。天樞之下，自身半以下，其氣三，地之分

〔一〕周易集解：「虞翻曰：觀五之三也，艮爲多節，故稱背。」
〔二〕背，四庫本作「肩」。
〔三〕黃帝内經素問：「故人亦應之。夫言人之陰陽，則外爲陽，内爲陰。言人身之陰陽，則背爲陽，腹爲陰。」

也，地氣主之。〔二〕限者，上下之際，氣交之中，人之分也。三分析之，上天、下地、中當氣交，故稱限。天地之氣，交合於此，化生變易，皆在其中，故氣交之分，人氣從之，萬物由之，此豈所當止之地哉？非所當止之地，而亦止焉，故曰「艮其限」也。艮其限，則天氣不交於下，地氣不交於上，上下分爲兩截，如「列其夤」矣。在天地爲否，否則天下无邦；在人身爲病，病則一身无主，故曰「危薰心」也。其病名關格，關格者，上下不交。凡寒暑燥溼、風火勝復之變之化，皆不流行，而病將危矣，故稱厲。

孔子曰：「於止，知其所止。」〔三〕九三，不知所止者也，三互震，震爲行，而陷於二陰之間，則「震遂泥」。時當行而不行，故其象如此。象傳曰：「時止則止，時行則行。」三之動靜，失其時矣，如水之鬱閉而不流，焉得清哉？虞氏謂：「古文閽作熏，荀氏易作

〔二〕黄帝内經素問：「帝曰：善氣之上下，何謂也？歧伯曰：身半以上，其氣三矣，天之分也，天氣主之。身半以下，其氣三矣，地之分也，地氣主之。以名命氣，以氣命處，而言其病半，所謂天樞也。」

〔三〕大學：「子曰：於止知其所止。」

勳。」〔一〕胡廣曰：「勳者，閽也。」〔二〕漢時，古文尚存，其説似有據。閽之啓閉，其要在樞，天樞者，天心，故曰「厲閽心」。存之以備異説。咸、艮皆取之身，其象略同。咸者，无心之感也。孔子曰：「何思何慮？」〔三〕咸四之思，徒憧憧而已，咸四當止而不止，艮三當行而不行，皆失其時者也。艮下三爻，二居中，故稱心。初趾、二腓，腓隨趾，不隨限，趾動則腓隨，與限何涉乎？二隨初，不隨三，初欲止而二欲動，初雖止之，豈能退聽哉？不欲止而强止焉，故其心不快。三當身半，名爲氣交，故亦稱心。説文：「艮，很也，从匕、目，猶目相匕，不相下也。易曰：艮其限。」

「初六，鴻漸於干。小子厲，有言，无咎。」鴻，隨陽之鳥，故漸之初、二皆隨三。三，陽也，進得其序，故初无咎。二得吉，女歸而姪娣從之之象，然而三獨凶，何也？鴻雁成羣，飛有行列，故稱「羣醜」。漸者，進也，三離初、二，而進與四合，故曰「離

〔一〕周易集解：「虞翻曰：古閽作熏字。荀氏以熏爲勳，或誤作動，皆非也。」
〔二〕續漢書百官志注：「胡廣曰：勳猶閽也。」
〔三〕繫辭：「子曰：天下何思何慮？天下同歸而殊途，一致而百慮。天下何思何慮？」

羣」。物三爲羣，初、二、三，羣之象，四非其羣也，故曰失道。三獨凶者，以此。三、四、五互離，離爲大腹，故三、五皆稱孕，則三、五皆象女歸，而五獨吉者，剛得中也。三互坎，坎爲寇，上下皆陰，順而從焉，故「利禦寇」。五居中得正，寇不能侵，故三利於禦，五「莫之勝」，言不待禦而自莫能勝之。吉，其宜矣。内卦爲艮，艮少男，初在下，故稱小子。男智莫如夫，女智莫如婦，故九三象夫婦。小子者，女未笄、男未冠之名也。長者慮深，少者慮淺，故雖厲而无咎。「孔子見羅雀者，所得皆黄口小雀，問其故，羅者曰：『大雀善驚，故難得，黄口貪食，故易得。黄口從大雀則不得，大雀從黄口則得之。』孔子顧謂弟子曰：『善驚以遠害，貪食而忘患，獨以所從爲禍福，故君子慎所從。從長者之慮，則有全身之階，從小子之戇，則有危亡之敗也。』」〔二〕故曰：「小子之厲，義无咎也。」

〔二〕孔子家語：「孔子見羅雀者，所得皆黄口小雀。夫子問之，曰：『大雀獨不得，何也？』羅者曰：『大雀善驚而難得，黄口貪食而易得。黄口從大雀則不得，大雀黄口亦不得。』孔子顧謂弟子曰：『善驚以遠害，利食而忘患，自其心矣，而獨以所從爲禍福，故君子慎其所從。以長者之慮，則有全身之階。隨小者之戇，而有危亡之敗也。』」

「上九，鴻漸於陸，其羽可用爲儀，吉。」上九剛上而尚賢，貴而无位，鴻飛冥冥，矰繳不能及，網羅不能嬰，賢人隱之象也。人主尊而尚之，敬而事之，設几杖之禮，處賓師之位，雖黄綺未稱臣，嚴陵不屈節，亦足以爲朝廷之矜式，邦國之羽儀矣。「孟嘗君問白圭曰：『魏文侯名過齊桓，而功不及五伯，何也？』白圭對曰：『文侯師卜子夏，友田子方，敬段干木，此名之所以過齊桓也；及其卜相，則曰：公子成與翟璜孰可？功不及五伯者，以此。相者，百官之長也。國之興衰係焉，成與璜，非其師友，乃其戚愛，擇相而不出此二人，以私勝公，衰國之政，安能及五伯哉？然而名號顯榮者，三士羽之也。』」〔二〕有三士以羽之，雖以中材爲之君，戚愛爲之相，猶不失千古之顯名，孰謂賢人无益於國乎？漸之上九曰：「其羽可用爲儀」，此之謂也。上者，下之儀，民則而象焉。九居上，故稱儀，文章謂之羽，其文秩然，條理分明，孰能亂之？陸者，天衢也，天文有北陸、西陸，或改爲逵，失之矣。齊桓公曰：「今夫鴻鵠，有時而南，有時而北，四方雖遠，所欲

〔二〕見呂氏春秋。

至而至焉，非唯有羽翼之故，故能通於天下乎？寡人之有仲父也，猶飛鴻之有羽翼也。」〔一〕然則賢者非人君之羽翼哉？故曰：「鴻雁高飛，一舉千里，羽翮已成，橫絶四海。橫絶四海可奈何？雖有矰繳尚安施！」〔二〕四人來而漢儲定者〔三〕，以此。

「九四，歸妹愆期，遲歸有時。」案：歸妹，天地之大義，人之終始。先儒謂卦互坎、離，坎月離日，陰陽之義配日月，故歸妹爲嫁娶之占。〔四〕特以卦位不當，二、三、四、五皆失位，又三、五皆柔乘剛，故卦辭曰：「征凶，无攸利。」而俗解遂謂卦名不曰女歸而曰歸妹，此女歸不待男行而自歸之象。如其説，則彖傳安得曰「歸妹，天地之大義」乎？

〔一〕管子霸形：「桓公歎曰：『仲父，今彼鴻鵠有時而南，有時而北，有時而往，有時而來。四方無遠，所欲至而至焉。非唯有羽翼之故，是以能通其意於天下乎？』管仲、隰朋不對。桓公曰：『二子何故不對？』管子對曰：『君有霸王之心，而夷吾非霸王之臣也，是以不敢對。』桓公曰：『仲父胡爲然？盍不當言？寡人其有鄉乎？寡人之有仲父也，猶飛鴻之有羽翼也。』」

〔二〕史記留侯世家：「鴻鴈高飛，一舉千里，羽翮已就，橫絶四海。橫絶四海當可奈何？雖有矰繳，尚安所施。」

〔三〕見史記留侯世家。

〔四〕周易集解：「虞翻曰：歸，嫁也。兑爲妹，泰三之四，坎月離日，俱歸妹象。陰陽之義配日月，則天地交而萬物通，故以嫁娶也。」

失之甚矣。又謂：九四愆期，賢女待佳配而後行之象。六居三，九居四，不中不正，卦辭所謂「征凶」者也。且「愆期」謂期而不至，詩云：「東門之楊，其葉牂牂，昏以爲期，明星煌煌。」〔一〕箋云：「女留他色，不肯時行。」〔二〕故男雖親迎，女猶不至。而謂之賢女，可乎？春秋莊公二十四年：「夏，公如齊逆女。」「秋，公至自齊。」「八月，丁丑，夫人姜氏入。」公羊傳曰：「其言入何？難也。其言日何？難也。其難奈何？夫人不僂不可使入，與公約，然後入。」〔三〕注云：「僂，疾也。齊人語，夫人稽留，不肯疾順公，與公約定八月丁丑乃入，故爲難辭。」〔四〕莊公先娶孟任，生子般，夫人有難辭者，以此。然則盤桓不行，稽留有待，約定乃行，正所謂「歸妹愆期，遲歸有時」者。何休謂：「夫人要公不爲大惡，夫婦有朋友之道，不可純以君臣之義責之。」〔五〕非也。穀梁傳謂：「親迎者，行見

〔一〕毛詩東門之楊。
〔二〕毛詩東門之楊，鄭箋：「親迎之禮以昏時。女留他色，不肯時行，乃至大星煌煌然。」
〔三〕春秋公羊傳注疏莊公二十四年：「其言入何？難也。其言日何？難也。其難奈何？夫人不僂不可使入，與公有所約，然後入。」
〔四〕春秋公羊傳注疏莊公二十四年。
〔五〕春秋公羊傳注疏莊公二十四年：「夫人要公不爲大惡者，妻事夫有四義：鷄鳴縱笄，而朝君臣之禮也；三年惻隱，父子之恩也；圖安危可否，兄弟之義也；樞機之内，寢席之上，朋友之道。不可純以君臣之義責之。」

諸，舍見諸。」公先至，而後夫人入，爲失其正。愚謂：莊公娶哀姜，其後淫於二叔，遂弑二君，禍幾亡國，賴齊桓撫而存之，不正之端，先見於親迎之始，猶履霜而馴至於堅冰。故春秋謹而書入。入者，内弗受焉爾。禮，男不親求，女不親許，皆父母命之〔一〕，女歸奉父母之命，安得有待而行？有待而行者，哀姜要公，不肯疾順之象也。歸妹六爻，惟初得正，五得中爲吉，餘皆非吉占，而三、四尤失正。女本无取於剛，女子行丈夫心，此末喜之所以亡夏也。後儒謂：「陽剛在女子爲正德。」〔二〕豈其然乎？

六三「反歸以娣」，何也？反歸者，歸而反出也；以娣者，五娣從君而行，三娣從君而出也。二稱「幽人」，何也？男未仕，女未嫁之名，蓋女子貞而不字者也。初稱跛，二稱眇，何也？初爲震足，兑爲毁折，故稱跛。離爲目，二互離而非正，故稱眇。反歸爲出，何也？春秋曰「來歸」，易曰「反歸」，皆出也，自女家言之，曰來；自夫家言之，曰反。詩云：「不思其反，反是不思，亦已焉哉。」〔三〕此弃婦决絶之辭。穀梁傳曰：「禮，

〔一〕詳見儀禮士昏禮。
〔二〕伊川易傳。
〔三〕毛詩氓。

婦人謂嫁曰歸，反曰來歸。」〔二〕范氏注云：「反，謂爲夫家所遣。」〔三〕一説：女兄爲須，女弟爲娣。楚辭「女須」，屈原之姊。〔三〕姊歸而娣從禮也。姊反爲娣，貴反爲賤，陽反爲陰，故象曰：「未當也」。

「初九，遇其配主，雖旬无咎，往有尚。」四在震爲主，故稱主，初四敵應，故稱配。敵應者，不相與，故稱遇。往有尚，未朝聘也。鄭康成曰：「初修禮上朝，四以匹敵，恩意待之，雖留十日不爲咎。正以旬日者，朝聘之禮，止於主國以爲限，聘禮畢，歸。大禮曰旬而稍，旬之外爲非常。」〔四〕賈公彦曰：「旬而稍者，賓客之道，十日爲正。一旬之後，或逢凶變不得時，反則有稍禮。」〔五〕謂之稍者，留間稍稍給之，故曰非常。非常者，或逢凶變也，逢凶變，則有過旬之稍焉。凶變謂之災，故曰「過旬災」也。言筮者遇此爻，則告

〔一〕穀梁傳隱公二年。
〔二〕春秋穀梁傳注疏隱公二年：「嫁而曰歸，明外屬也。反曰來歸，明從外至。反，謂爲夫家所遣。」
〔三〕楚辭補注：「女嬃之嬋媛兮。」汪興祖補注：「女嬃，屈原姊也。」
〔四〕周易鄭康成注：「初修禮上朝，四四以匹敵。恩厚待之，雖留十旬不爲咎。正以十日者，朝聘之禮，止於主國以爲限，聘禮畢，歸。大禮曰旬而稍，旬之外爲稍，久留非常。」
〔五〕儀禮注疏聘禮：「旬而稍者，以其賓客之道，十日爲正。行聘禮既訖，合歸。一旬之後，或逢凶變，或主人留之，不得時反。」

以可暫留，不可久處。四時之序，成功者去，日月不處，人誰獲安？苟无凶變，安得久安而不去乎？下卦離爲火爲日，故稱旬。火性不留，亦其象也。一說：配主指二，二爲離主，納甲離初己卯，離二己丑，卯至丑爲一旬。坤數十，故坤、巽、離、兑納甲中間皆十日，初、二相合爲配，相比爲遇，不可以久。十日則无咎，過則有災，災謂生克，以生克定吉凶。

「六二，豐其蔀，日中見斗，往得疑疾。有孚發若，吉。」「六五，來章，有慶譽，吉。」蔀，當作部。蒲日切。曆書：「唐都分天部。」注云：「分部二十八宿爲距度。」〔二〕天文、地理，皆有部名，太玄「方州部家」取諸此。蔀，艸名，廣雅：「⿱艹⿰舌寸蔀，魚薺也。」部誤爲蔀，失其義矣。一曰：術家推閏法爲蔀首〔三〕，非也。部首作部，亦誤爲蔀。說文：「部，天水狄部，从邑，音聲。」與斗協，斗分陰陽，建四時，均五行，移節度，定諸紀，

〔二〕漢書律曆志：「都分天部。」孟康曰：「謂分部二十八宿爲距度。」

〔三〕周髀算經：「五德運行，日月開闢，甲子爲蔀首。」

皆繫於斗。〔一〕分之、建之、均之、移之、定之，所謂天部也。故車蓋之部，一名蓋斗，斗非部而何？豐部而斗見者，以此。京氏曰：「陰處至尊爲世，六五。大夫見應，六二。君臣相暗，世則可知。」荀氏亦云：「陰據不正，奪陽之位。」指六五也。二、五皆陰，君臣俱暗，積暗成疑，積疑成疾，故曰：「往得疑疾。」陰稱疾，陽稱慶。音羌。故坤積陰爲疾，乾積善爲慶，二稱疾，故往見疑，不見信，則疑。疾指五，而五稱慶不稱疾者，上動下明，明動相資，君臣道合。二以明發志，五以動來章，由是疑者見信，暗者得明焉。一人之明，不足以照天下，惟能來天下之章，而以羣賢之明助一人之明，則天下遠近幽深，无不照矣。

彖傳曰：「勿憂，宜日中。宜照天下也。」來章者，來天下之明，所以照天下，故曰：「六五之吉，有慶也。」「日中則昃，月盈則食。天地盈虛，與時消息。」京氏謂：「夏至積陰生。」豐爲亂世之始，君弱臣强，謂六五弱、九三强，故曰：「折其右肱，无咎。」說者謂：斥去用事之臣，則免於咎，故漢世水旱、日食，輒策罷三公，失之甚矣。

〔一〕史記天官書：「斗爲帝車，運於中央，臨制四鄉，分陰陽，建四時，均五行，移節度，定諸紀，皆繫於斗。」

又謂：動乃明，積則暗者，指上六也。豐之暗，莫暗於上六，故有「豐屋蔀家」之象。火伏爲藏，火明於發，暗於藏，故二稱發爲明，上稱藏爲暗。「三歲不覿」，則終无覿之時矣。故凶見斗、見沬，日食之徵。沬者，斗杓後小星，小星見，則日全食於斯時也。白日若冥，行人見星，獸歸於穴，鳥棲於林，葬者止柩俟明，明反乃行，故曰：「闃其户，闃其无人。」自藏也，言暗之極也。

「上六，豐其屋，蔀其家。」蔀，亦當作部家之部，部大而家小。象傳曰：「豐，大也。」豐其屋，謂大其屋；部其家，謂大其家，上高之象也。天文，危爲蓋屋，虚爲哭泣，宋均曰：「蓋屋之下，中无人，但虚空似乎殯宫，故主哭泣。」〔一〕然則上六有似殯宫，其虚危之象乎？王充曰：「闚其户，闃其无人，非无人也，无賢人也。」〔二〕人君之明，莫明於用賢，人君之暗，莫暗於蔽賢，明動成豐，衆賢在位，故曰賓於四門。四門穆穆，言

〔一〕漢書天文志顔師古注。
〔二〕論衡：「窺其户，閴其無人也，非其無人也，無賢人也。」

賢人衆多，由是明四目、達四聰，如日中而光照天下焉。豐上處高而不明，故有「豐屋蔀家」之象。小人位於高，賢人隱於下，三雖賢，不獲乎上，亦折其右肱，而不可用矣。故象言藏，謂賢人藏也。賢人之藏，由上舍之，故九〔一〕五「來章」，則賢人皆至，吉人藹藹，多士濟濟矣。二、五皆暗，得中而明，五之章，二實發之，君明則賢人出，君暗則賢人藏，此五之所以吉，上之所以凶與。

春秋：「鄭盜殺三大夫而逃於宋，鄭人納賂於宋，求之以馬四十乘及師茷、師慧。慧過宋，朝將私焉。其相曰：『朝也』。慧曰：『无人焉』。相曰：『朝也，何故无人？』慧曰：『必无人焉，若猶有人，豈其以千乘之相，易淫樂之矇？必无人焉故也。』」〔二〕豐上所謂「无人」者，以此。不然，其屋壯麗，其家高明，猶宋朝也，而謂之无人，可乎？淮南子泰俗訓云：「易曰『闚其户，闃其无人』，非无衆庶也，言无聖人以統理之也。」象曰：「天際翔」，何也？鳳翔千仞，覽輝而下，見德險微增，擊去之。言賢人皆高飛遠逝，而不可復留矣。

〔一〕九，周易作「六」。
〔二〕見左傳襄公十五年。

在上者飛遁，在下者潛藏，賢人去而國空虛之象也。按漢易「天際翔」作「天降祥」〔一〕，春秋左氏里析告子産曰：「將有大祥，民震動，國幾亡。」〔二〕孔疏謂書序「亳有祥桑穀」〔三〕，五行傳有青白之眚、青白之祥。皆以惡徵爲祥，然則天降祥者，國〔四〕將亡，天降之，惡徵明矣。揚子解嘲曰：「炎炎者滅，隆隆者絶，觀雷觀火，爲盈爲實，天收其聲，地藏其熱，高明之家，鬼瞰其室。」炎炎隆隆，電明雷動，收聲藏熱，天降之祥。豐上之象，若此。震數三，故曰：「三歲不覿。」或曰：葬者，藏也。豐上，殯宫之謂也。

〔一〕周易集解作「天降祥」。
〔二〕左傳昭公十八年。
〔三〕尚書太甲：「亳有祥桑穀，共生于朝。」
〔四〕國，四庫本作「惡」。

「山上有火，旅，君子以明慎用刑而不留獄。」既慎且明，斷而敢行，何留之有？夫留之爲患也，甚矣，豈獨獄爲然哉？賈誼曰：「知善而弗行謂之狂，知惡而弗改謂之惑。」[一]狂與惑，皆留之爲患也。董仲舒曰：「留德而待春夏，留刑而待秋冬，此有順四時之名，實逆於天地之經，是故春修仁而求善，秋修義而求惡，冬修刑而致清，夏修德而致暖，所以順天地、體陰陽。然而方求善之時，見惡而不釋；方求惡之時，見善亦立行；方致清之時，見大善亦立舉之；方致暖之時，見大惡亦立去之，以效天。方生之時有殺，方殺之時有生，志意隨天地緩急放陰陽，由是人事之宜行者，无所鬱滯，天非以春生人，

〔一〕新書大政。

以秋殺人也。當生者生，當死者死。」〔二〕仲舒之言，誠得不留之義矣。雖然，猶未盡也。吾聞求善，未聞求惡，故曰：「懇懇用刑，不如行恩；孳孳求奸，未若禮賢。」〔三〕君子之德風〔三〕，善人能去殺，君欲善而民善矣，又何惡之求？而猥云秋修義而求惡乎？「唐堯著典，眚災肆赦。周公作戒，勿誤庶獄。」〔四〕聖人在上，宏崇晏晏。苟非元惡，必不春夏殺人，故陳寵謂三微之月，三王以爲正，君子不行刑〔五〕。不行刑者，非留之謂也。所以稽天意而合人心也。不疑，故不留，疑則必讞。廣雅曰：「讞，疑也。」〔六〕謂辠有疑者，讞於廷尉也。獄之有讞也，君子所以盡心焉。慎而不明，未得物情，故噬嗑曰：「得黄金。」言金能照物見其情也。明而不慎，草菅人命，君子豈以人命爲草菅哉？説者謂：「旅之爲象，勢不

〔一〕春秋繁露如天之爲。
〔二〕後漢書張皓傳：「愚以爲懇懇用刑，不如行恩；孳孳求姦，未若禮賢。」
〔三〕論語顔淵。
〔四〕後漢書郭躬傳。
〔五〕後漢書章帝紀注。
〔六〕廣雅釋言從水。

久留。」〔一〕失之矣。「旅即次」者，宿也，宿爲留，「不留獄」者，猶子路之「无宿諾」〔二〕也。

「初六，進退，利武人之貞。」「六四，悔亡，田獲三品。」「上九，巽在牀下，喪其資斧。貞凶。」田所以講武事，纘武功。資斧，一作齊斧，齊之言劑也。齊斧，所以劑斷也。説文「劑斷」謂之釿〔三〕，是爲武人之貞，初失位，故利用武；四得位，故田有功；至上而窮，喪其資斧，則失武人之貞矣，故凶。初擬之以武，四象之以田，上終之以斧，故曰：「初辭擬之，卒成之終。」蠱象：「先甲」、「後甲」，巽五「先庚」、「後庚」，説者謂：甲木爲仁，庚金爲義，門内之治恩揜義，故蠱象父子；門外之治義斷恩，故巽利武人。太玄斷首之次七曰：「庚斷甲，我心孔碩，乃後有鑠。測曰：庚斷甲，義斷仁也。」愚謂：日在甲爲早庚，从貝爲續。古文早作𣅀，續作賡。甲者，開其始，故象傳曰：「終則

〔一〕孔穎達周易注疏：「正義曰：火在山上，逐草而行，勢不久留，故爲旅象。」
〔二〕論語顔淵：「子路無宿諾。」
〔三〕説文解字：「釿，劑斷也。」

有始」。庚者，續其終，故爻辭曰：「无初有終。」革以三成，故「革言三就」，申命行事，皆先三後三者，以此。

象傳曰：「剛巽乎中正而志行」，指二、五也。「柔皆順乎剛」，指初、四也。言剛巽乎中，柔順乎下。初順二，而二无咎；四順五，而五悔亡。初、四承而順之，故二、五兩爻皆吉。三遠初而吝，上遠四而凶，故卦言「小亨」，則卦主在初四明矣。二、上皆象牀下，何也？巽陰用事，牀下象陰，太玄迎首之上九曰：「溼迎牀足。」測曰：「願在内也。」[一]内爲陰，牀足猶牀下，明二志在初，上亦志在四，二近比初，而上遠乎四，故二吉而上凶。剥卦五陰，所以亦取象於牀也。蠱卦「利涉大川」，何也？蠱者，坤之初，乾之上，而成蠱也，乾天有河，坤地有水，二爻升降，出入乾、坤，故曰：「利涉大川。」或云：蠱變爲乾，巽變爲震，故蠱甲而巽庚。古資、齊通，潘岳關中詩曰：「周殉師令，身膏齊斧。」[二]齊斧，猶資斧也。

[一] 太玄經：「上九，濕迎牀足，罦於牆屋。測曰：濕迎牀足，願在内也。」

[二] 文選：「周殉師令，身膏氏斧。」

「六三，來兑。」「上六，引兑。」卦以三、上而成，剛中柔外，柔道牽引，與牽同義，柔道不能獨立，必附於剛，或進或退，或往或來，皆剛牽而引之，故上曰「引」，三曰「來」，明上之引孚於五，三之來孚於二也。故二、五皆稱孚，亦皆孚於三、上，可知矣。八卦相盪，故有往來。春秋莊公十有七年：「鄭瞻自齊逃來。」公羊曰：「何以書？書甚佞也。曰：佞人來矣。佞人來矣。」三之來也，其佞人之象乎？初與三遠，故曰未疑，二則疑矣。然得中而信志，有孚於小人，則小人亦信服之，而不爲害矣。故吉卦象夬，夬者，剥之反。五正當其位，故曰：「孚於剥，有厲。」九五具剛中之德，而不免於厲者，上六累之也。故班固述漢元曰：「閹尹之呰，穢我明德。」〔一〕言孝元明德之主，而信任弘恭、石顯，故漢德中衰，然則上六乃恭、顯之象乎？凡陰稱疾，陽稱慶，易之例也。四介三、五之間，下比三，故稱疾，上承五，故稱慶。爻曰「有喜」者，猶无妄之疾，勿藥有

〔一〕漢書叙傳述元紀：「閹尹之呰，穢我明德。」

喜云爾。又相比曰介，相應曰仇，鼎二之疾應也，兑四之疾比也。説文从外知内曰商〔一〕，四當内外之介，故稱商。商兑，猶酌損，損當酌，兑當商，商酌者，朋友講習之象也。損内卦兑。疾則未寧，慶則有喜，古人好作反語，服虔注左傳訓寧爲傷，古訓也。然則「未寧」猶「未傷」，言小人未能傷之。小人之傷君子也，亦由君子絶之太甚。四稱「商兑」，明不絶三，誠得君子之待小人「不惡而嚴」之義矣。漢書稱蕭望之素剛，歷位將相，而鄭朋傾邪，欲附望之，望之始納之，而終絶之。朋由此怨恨，而望之卒爲朋等所中傷。〔二〕豈非小人之傷君子，亦由君子絶之太甚乎？兑四剛居柔，不過於剛，故其象如此。説者謂：上應三，三體離，故稱光。内卦互見離，巽配火、木入金宫，火、木兩弱，故曰未光。愚謂：柔順剛爲巽，柔揜剛爲兑，凡陽稱光，未光者，言九五之光揜於上六也。説易者必離而後爲光，固矣。夬五亦曰未光，豈離之謂哉？

〔一〕説文解字：「商，从外知内也。从㕯，章省聲。式陽切。」
〔二〕詳見漢書蕭望之傳。

「九二，涣奔其机，悔亡。」彖傳曰：「剛來而不窮，柔得位乎外而上同。」謂柔往居四，剛來居二，而成涣，故曰：「涣奔其机」。机，當作丌，丌猶居也。剛來居二，故稱丌，説文曰：「丌，下基也，所以薦物。」〔一〕亦居之義。巽，古作顨，一作巺，皆从丌。説文曰：「具也，爲長女，爲風。」卦上巽下坎，故有此象。巽風行坎水，故稱奔。剛來而不窮，有丌以薦之，故不陷於險，丌爲下基，得所憑依，如劉季入漢中，終以下基而得天下之象。不王關中，而入漢中，悔也。仍從漢中，還定三秦，故象曰「得願」，爻曰「悔亡」。二雖坎體，而互有震象，動乎險中，其義不困窮矣。悔亡得願，亦以此。丌通作机，其音同，其義亦同。虞翻曰：「涣廟中，故設机。」〔二〕説文凭古凴字、凥古居字、処古處字，皆从几，得几而止，凭几與薦丌音義同，丌象几形，實一物。下基者，「貴以賤爲本，高以下爲基」〔三〕。剛來居二之義也。

〔一〕説文解字：「丌，下基也，薦物之丌。象形。凡丌之屬皆从丌，讀若箕同。」
〔二〕周易集解：「虞翻曰：涣宗廟中，故設机。」
〔三〕老子三十九章。

渙，訓爲文，六月卦，言陰陽相雜，渙有其文，故易之渙，太玄象之，以文曰：「陰斂其質，陽散其文，文質班班，萬物粲然。」〔一〕此渙之義也。卦象風行水上而文成焉，故訓爲文。卦氣圖與睽對，太玄象之以戾，曰：「陽氣孚微，物各乖離。」〔二〕然則睽，離也；渙，合也。京氏易傳曰：「水上見風，渙然而合。」〔三〕則渙又訓爲合矣。雜卦傳曰：「渙，離也。」序卦傳曰：「渙者，散也。」謂離而合，散而聚，一字有數訓，夫言豈一端而已？亦各有所當也。學易者見序卦傳訓爲散，故渙卦爻辭皆以散解之。「九五，渙王居。」象曰：「正位也。」位可散乎？失之甚矣。「六四，渙其羣，元吉。〔四〕渙有丘，匪夷所思。」呂氏春秋曰：「渙者，賢也。羣者，衆也。元者，吉之始也。『渙其羣，元吉』者，其佐多賢也。」〔五〕渙爲文章，賢能之象，故有元吉之占，如謂散其朋黨，則君子羣而不黨，羣不

〔一〕太玄經：「文，陰斂其質，陽散其文，文質班班，萬物粲然。」
〔二〕太玄經：「戾，陽氣孚微，物各乖離而觸其類。」
〔三〕京氏易傳：「渙，水上見木，渙然而合。」
〔四〕「六四，渙其羣，元吉」，底本作「六五，渙其羣，无吉」，據易經原文及四庫本改。
〔五〕呂氏春秋：「易曰：『渙其羣，元吉。』渙者，賢也。羣者，衆也。元者，吉之始也。『渙其羣，元吉』者，其佐多賢也。」

可訓爲黨，亦明矣。朋黨非盛世所宜有也，且朋黨散，謂之无咎可矣，安得元吉乎？

象言「光大」，光大者，涣之正義，非散之謂也。光被四表，堯之文章，則涣訓爲文，信矣。丘指五，五互艮，頤之丘、賁之丘、涣之丘，皆有艮象。九五，涣之主，聖明在上，羣賢滿朝。六四得位，承尊上，同乎五。陰爲平地，陽爲高丘。「匪夷所思」者，平地忽有高丘之象也。卦名涣者，謂天下已散，而復聚之人心已離而復合之，如王莽篡漢，更始中興，將北都雒陽。時光武爲司隸校尉，使前整修宮室，於是置僚屬，一如舊章。三輔吏士東迎，更始見諸將皆冠幘，衣婦人衣，莫不笑之，或驚而走。及見司隸，僚屬皆歡喜不自勝，垂涕相謂曰：「不圖今日復見漢官威儀。」[一]非所謂「涣有丘，匪夷所思」者哉！丘者，君象也，故離騷以高丘喻君曰：「哀高丘之无女。」言有君而无臣也。九五，王居正位，丘之象，或訓丘爲聚，失之。陸氏釋文云：「有丘，姚作有近。」近，古迋字，音記，詩：「往近王舅。」[二]箋云：「近，讀若『彼記之子』之記。」[三]一作丌，上卦巽，巺從丌，故曰：涣有丌。

[一] 見後漢書光武帝紀。
[二] 毛詩崧高：「作爾寶，往近王舅，南土是保。」
[三] 毛詩崧高鄭箋：「近，辭也。聲如『彼記之子』之記。」

「九五，涣汗其大號，涣王居，无咎。」王之位曰大寶，王之名曰大號，以一人而臨萬邦、撫四夷，言傳號涣，萬里奔走，上下四方，无所不達，故有「涣汗」之象焉。「涣王居」者，天子之居曰京，京言高也、大也，涣之象。詩云：「命此文王，於周於京。」〔一〕言改號爲周，易邑爲京，所謂涣也。故象曰：「正位也。」白虎通云：「帝王者何？號也。號者，功之表也，所以表功名德、號令臣下者也。德合天地者稱帝，德合仁義者稱王。皇者，亦何號也？皇，君也，美也，大也。煩一夫，擾一士，以勞天下，不爲皇也。」〔二〕説文云：「王者，天下所歸往也。董仲舒云：『古之造文者，三畫而連其中謂之王，三者，天地人也，參通之者，王也。』孔子曰：『一貫三爲王。』」〔三〕然則皇也、帝也、王也，皆大號也，貫通三才謂之王；不煩一夫，不擾一士，謂之王。居，言王居；安，則天下皆安。中國合爲一人，萬姓通爲一體，故謂之涣。涣之言合也，通也，如煩一夫，擾一士，以勞

〔一〕毛詩大明：「有命自天，命此文王，於周於京。纘女維莘，長子維行，篤生武王。保右命爾，燮伐大商。」

〔二〕白虎通義號。

〔三〕説文解字：「王，天下所歸往也。董仲舒曰：『古之造文者，三畫而連其中謂之王。三者，天、地、人也，而參通之者，王也。』孔子曰：『一貫三爲王。』凡王之屬皆从王。李陽冰曰：『中畫近上。王者，則天之義。』雨方切。」

天下，則堯舜且以爲病，王居安得无咎乎？老子曰：「道大，天大，地大，王亦大。是爲域中四大。」故曰「大號」。俗訓號爲號令，居爲居積[一]，失之矣。涣汗，猶潰泗泮汗，風行水上之象，亦所以狀其大也。賈誼曰：「桀天子，紂天王，已滅之後，士民詈之。然則位不足以爲尊，而號不足以爲榮矣。君子之貴也，士民貴之，故謂之貴也。君子之富也，士民樂之，故謂之富也。」[二]苟非「王居无咎」，焉能正其位，長保其崇高之富貴哉？

「初九，不出户庭，无咎。」「九二，不出門庭，凶。」坎爲通，兑爲塞，通、塞各以其時，當塞反通，當通反塞，是爲失時，故象曰：「不出户庭，知通塞也。不出門庭凶，失時極也。」老子云：「塞其兑，閉其門，終身不勤；開其兑，濟其事，終身不救。」[三]明節之初九當塞兑閉門之時矣。兑爲口，口者，一身之門户。户庭、門庭，口之象也。孔子曰：「亂之所生也，則言語以爲階。君不密則失臣，臣不密則失身，幾事不密則害成，是

[一] 朱熹周易本義。
[二] 新書大政。
[三] 老子四十四章。

以君子慎密而不出也。」〔一〕塞兑閉門，謂之慎密，不密害成，終身不救。老子之言信矣，可不戒與？鬼谷子曰：「口者，心之門户也；心者，神之主也，志意喜欲、思慮智謀，皆由門户出入，故關之以捭闔，制之以出入。捭之者，開也，言也，陽也；闔之者，閉也，默也，陰也。」〔二〕然則節初當闔，爲陰、爲閉、爲默；節二當捭，爲陽、爲開、爲言。動静語默，各以其時也。

「初九，虞吉，有他〔三〕不燕。」謝子濟世曰：「虞，澤虞，一名鷟。」〔四〕愚謂：虞與鶴皆澤鳥，中孚内卦澤也，故九二象鶴，初九象虞。虞，一名媧，澤鳥；一名獲，田鳥。似水鴞，蒼黑色，常在澤中，見人輒鳴，唤不去，有似主守，故名虞，鳥之專壹而无他者也。虞吉者，言初九如虞之專壹无他，則吉若亦他焉。膠膠擾擾，反不如虞之安於其澤矣，故

〔一〕繫辭引。
〔二〕鬼谷子捭闔。
〔三〕他，今本周易作「它」。
〔四〕爾雅注疏：「澤虞一名鷟。」

曰「有他不燕。」不燕者，謂不如虞之安於澤也。六三，時而鼓，時而罷，時而泣，時而歌，皆所以形容其不安之皃，故初九亦有戒辭焉。虞與燕，皆訓安，禮葬曰虞，所以安神〔一〕。燕禮：「正歌備，饗禮終，司正西階上，命卿大夫君曰：『以我安卿大夫。』皆對曰：『諾，敢不安。』」於是說屨升席坐〔二〕，乃安，未安以前，立行饗禮，既安以後，坐行燕禮。曰燕，曰虞，言初九當少安毋躁也。然則不曰吝，何也？比初下從上爲順，故有他吉；大過上撓下爲逆，故有他吝；中孚九在初，故不言吝，志未變，故曰吉。虞訓安，兼訓守，故澤虞爲守澤之鳥，虞人爲守澤之官。志未變者，守其位，不思其外也。詩云：「鶴鳴於九臭。」〔三〕臭，古澤字。澤爲陰，故曰：「鳴鶴在陰。」毛傳、鄭箋皆作臭〔四〕，後人誤爲臯，失其義矣。水經注云：「潁水東南逕澤。」〔五〕城北即古城臯亭〔六〕，古臯、澤字相

〔一〕儀禮虞祭又稱安神祭。
〔二〕四庫本「升」下有「就」字。
〔三〕毛詩鶴鳴。
〔四〕臭，今本作「臯」。
〔五〕水經注：「潁水東南流逕陽關聚，聚夾水相對。」
〔六〕水經注集釋訂訛：「潁水又東南逕澤，城北即古城臯亭矣。」

似，臭從大，爲澤。臭從本，爲皋，本古作夲。故名與字乖，學者但知皋，不知臭，皋、臭二字以相似而相亂也久矣，孰能正之？

「九二，鳴鶴在陰，其子和之。我有好爵，吾與爾靡之。」靡，讀爲磨，與和協。吾與爾靡，言相磨礪也。荀子曰：「求賢師而事之，擇賢友而友之，則所聞者，堯、舜、禹、湯之道，所見者，忠、信、敬、讓之行。身日進於仁義，而不自知也者，靡使然也。今與不善人處，則所聞者，欺誣詐僞，所見者，污漫、淫僻、貪邪之行，身且加於刑戮，而不自知者，靡使然也。傳曰：『不知其子，視其友；不知其君，視其左右。』靡而已矣，靡而已矣。」〔一〕此「我有好爵，吾與爾靡之」之義也。好爵，猶好德，孟子謂之天爵〔二〕。靡之者，師友之化，漸靡之功，故與善人處，身日進於仁義而不自知；與不善人處，身且加於刑戮而亦不自知，則靡之之功神矣、化矣，可不慎哉？可不懼哉？

〔一〕荀子性惡。

〔二〕孟子告子：「孟子曰：有天爵者，有人爵者。仁義忠信，樂善不倦，此天爵也。公卿大夫，此人爵也。」

管子曰：「漸也，順也，靡也，久也，服也，習也，謂之化。」然則漸、順、服、習、久而化者，靡之義也。故曰：「劙靡勿釋，牛車絶轔。」轔，户限。靡，古作劘，見法言，省作靡，或訓爲縻，或訓爲散，皆失「靡之」之義矣。史記蘇秦傳：「揣摩」。鄒誕生本作揣靡，靡亦讀爲摩。〔一〕衡山王傳曰：「亦其俗薄臣下，漸靡使然也。」〔二〕合觀衆説，則舊解之誤益明。好爵本乎天，吾與爾共有之，故願與爾共靡之。九二比初九，同德也，傳所謂「不知其子，視其友」也。九二應九五，同德也，傳所謂「不知其君，視其左右」也。此靡之之人與靡之之事，當於爻之同德，比應君臣、朋友間觀之，故曰：「慈石召鐵，或引之也。樹相近而靡，或軵之也。」〔三〕軵、拊通。同聲相應，同氣相求，鶴鳴子和，我爵爾靡，惟其誠而已。不誠其動，人心不神，故誠又誠，合於情；精又精，通於天。雖木石之性，皆可動也，又況於有血氣者乎？此中孚之所以「信及豚魚」也。

〔一〕史記索隱：「鄒誕本作揣靡，靡讀亦爲摩。」
〔二〕史記淮南衡山列傳。
〔三〕吕氏春秋精通。

「上九，翰音登於天，貞凶。」雞棲於桀，劣能登牆，雉之高飛，不過一丈，无戾天之翼，而曰登天，易之取象不若是之妄也。翰，一作鶾，鶾音雉肥，古用以郊天，故曰登於天。魯郊以丹雞，祝曰：「以斯鶾音赤羽，去魯侯之咎。」[一]凡易之取象皆然，无是事，則亦無是象矣。然鶾音郊天，占曰「貞凶」，何也？雄雞斷尾，憚爲犧。郊天之禽，衣以文繡，其去死也不遠矣，故象曰：「何可長也？」人之華美外揚，中无實德者，其猶丹雞之赤羽乎？焉能去咎？適足招凶。郊不以誠，天亦不歆其祀也。曲禮：「雞曰翰音。」亦言天子、諸侯祭祀之禮，諸侯惟魯用丹雞，爾雅謂之天雞[二]，逸周書謂之文翰[三]，言其有文彩，形若翬雉。蜀人獻之，一名鷐風，一名澤特[四]。愚謂：翰音，即小過「飛鳥遺音」，鳥之飛且鳴者，翬雉之屬，其飛不高，故宜下不宜上，下吉上凶。中孚初九安於下而吉，小過初六志在上則凶。中孚與小過旁通，故皆取象於鳥。

[一] 説文解字：「鶾，雉肥鶾音者也，从鳥，倝聲。魯郊以丹雞，祝曰：『以斯鶾音赤羽，去魯侯之咎。』侯幹切。」
[二] 爾雅釋蟲：「翰，天雞。」
[三] 逸周書：「蜀人以文翰。文翰者，若皋雞。」
[四] 逸周書孔晁注：「鳥有文彩者皋雞，似鳧，冀州謂之澤特也。」

說者謂：中孚象離，小過象坎，非也。中孚，坎象半見；小過，離象半見。坎爲信，剛得中，故名中孚；離爲鳥，初、上變小過，橫成非字，從飛下翄，象鳥飛下，故曰：「不宜上，宜下。」卦之初、上，皆有飛鳥之象焉。史記：「周孝王使非子主馬於汧、渭之間。」〔一〕而晉盧子諒贈崔溫詩，非子作飛子〔二〕，注云：「非與飛，古文通。」〔三〕漢梁相孔耽碑文亦非作飛，曰：「天授之性，飛其學也。」〔四〕小過橫成䷽，即古文飛字，與非通用可知。說文一象天，亦象地，一上曰不，天在上；一下曰至，地在下。不者，鳥飛上翔不下來；至者，鳥飛至地不上去。上六上翔，固宜凶矣。初六在下，宜吉而凶者，初應四，亦上翔不下來，故凶。離象鳥者，外二陽象其翮，中一陰象腹背之毛，鳥之所以能高飛者，翮也，腹背之毛增去一把，飛不爲高。下初、上二爻，變折其一翮矣，雖欲高飛，其可得乎？故上六爻辭曰：「飛鳥離之，凶，

〔一〕史記秦本紀。
〔二〕文選贈崔溫一首：「恨以駑蹇姿，徒煩飛子御。」
〔三〕文選贈崔溫一首李善注：「非與飛，古字通。」
〔四〕隸釋：「天授之性，飛其學也。」

是謂災眚。」初六象辭曰：「飛鳥以凶，不可如何也。」亢龍有悔，飛鳥以凶，有不亢之龍，无不飛之鳥，故曰：「不可如何。」然則无避災之道與？安處其下，不往何災也？凡易言飛者，皆陽爻，乾五「飛龍」、遯上「飛遯」。肥，古易作飛，王注云：「矰檄不能及。」則晉易亦作飛，淮南九師道訓曰：「遁而能飛，吉孰大焉？」〔一〕張平子思玄賦曰：「利飛遁以保名。」〔二〕明夷初九「於飛」，象高飛之鳥，「垂其翼」者，所謂怒而飛其翼，若垂天之雲，飛之高，故去之遠且速。初无傷象，舊説失之。小過初、上二陰，象鳥飛无翼，故皆凶。内經曰：「陽明之陽，名曰害蜚。」〔三〕陽明五月，一陰生，不利賓，故曰害蜚。蜚與飛通，害蜚者，所謂「飛鳥以凶」與？王冰曰：「蜚生化也，害殺氣也，殺氣行則生化弭。」魚游於水，鳥蜚於雲，此化機之見於上下者也。飛鳥以凶，是爲害蜚，則在上之化機息矣，故曰：「不宜上，宜下。」天地陰陽，有飛有伏，當飛而伏，謂之失時，當伏而飛，禍患隨之。小過可小不可大，宜下不宜上，惟其時而已矣。氾論訓曰：「積陰則伉，積陽則飛。」小過者，陰過也，是

〔一〕玉海等轉引。
〔二〕後漢書張衡傳引。
〔三〕黃帝内經素問皮部論：「陽明之陽，名曰害蜚。」

爲積陰，當伏而飛，故凶。

「飛鳥遺之音」。虞仲翔曰：「離爲飛鳥，震爲音，艮爲止，晉上之三，成小過。離去震存，鳥飛而音止，故『飛鳥遺之音』。」仲翔好言象，其説近鑿，小過有飛鳥之象，故知其從晉來，此漢儒卦變之説。如其説，則晉奚爲不取象於鳥也？以此知虞説非也。或云：卦示以兆，如飛鳥遺音，亦以意説，而无根據。又以「不宜上宜下」爲鳥音，則尤鑿矣。「飛鳥遺音」者，翰音也，爾雅蟲鳥皆名翰，從蟲爲螒〔一〕，從鳥爲鶾〔二〕，皆曰天雞。從蟲者一名莎雞〔三〕，如蝗而斑，其翅正赤，六月中飛而振羽，索索作聲；從鳥者一名丹雞，其羽亦赤，引吭長鳴，必先拊翼，皆蟲鳥之飛而作聲者，故皆以翰名，所謂「飛鳥遺音」也。翬雉之屬，且飛且鳴，翱翔麥田之中，幎歷蓬蒿之下，終身未嘗高飛遠舉，故小過取象焉。所謂「不宜上宜下」者，以此。

〔一〕爾雅釋蟲：「螒，天雞。」
〔二〕爾雅釋鳥：「鶾，天雞。」
〔三〕爾雅注：「音汗，莎雞也。」

莊子曰：「東海有鳥焉，名曰意怠。其爲鳥也，翂翂翐翐，而似无能。引援而飛，迫脅而棲。進不敢爲前，退不敢爲後。是故其行列不斥，而外人卒不得害，是以免於患。」〔一〕誠如此，則安得有災眚乎？翂翂翐翐，飛不高也，爾雅謂之翪，翪，訓爲竦，言不能遠飛，惟竦翅上下而已〔二〕。上六過亢離凶，其不免於災眚也，宜哉。鳶，說文作鳶：「鳥之鷙者，从鳥从屰。」陸佃曰：「鳶從屰，上爲屰，鳶飛戾天，故從屰。」〔三〕上逆而下順也。

「初九，曳其輪。」「六二，婦喪其茀。」坎爲輪，二至四互坎。茀者，車之蔽也，自二至上爲重險，二象輪，曳之者，初也。初非輪，離无輪象。乃曳輪者。二爲婦，車，初曳其輪。故二喪其茀之前有險，當濟之時，衆皆競濟，初能曳而止之，所謂「見險而能止」也。雖「濡其尾」，於義何咎？喪茀與曳輪同義，皆不行之象。初與二近，而相得共濟之

〔一〕莊子山木。
〔二〕爾雅注：「翪者，竦翅上下。」
〔三〕埤雅：「說文曰：『鳶从屰。』干上爲屰。鳶飛戾天，故从屰也。」

人，故其象如此。喪茀而復得者，言今非其時，待時而動，得中道也。柔得中，故小者亨。既濟之六二，即坎之初六，初六以失道凶，則六二以得道吉矣。卦言初吉，二與初皆吉可知。三德、四疑、五失其時，至上而厲，其道窮也。茀，一作笰，淮南墬形訓曰：「燭龍在雁門北，笰於委羽之山，不見日。」[一]則笰訓爲蔽，信矣。爾雅曰：「輿革前謂之鞎，後謂之笰，竹前謂之禦，後謂之蔽。」[二]笰與蔽，皆車後户之名，笰者以韋鞔之，蔽者以簟衣之，詩云：「簟笰朱鞹。」[三]然則笰與蔽，異名而同物也。

「九五，東鄰殺牛，不如西鄰之禴祭，實受其福。」東鄰、西鄰，其象難明，說者多鑿。愚謂：二至上，象習坎，五與三對，上下兩坎，東西二鄰，言九五不如九三之得時也。日東月西，二離爲日，五坎爲月，其象倒矣，明非指二。象言「吉大來」，非小亨也，似指九三，又三與五同功，亦鄰之象，三至五互離，離爲牛，禴祭殺牛，三、五共之，祭

[一] 淮南鴻烈解：「燭龍在鴈門北，蔽於委羽之山，不見日。其神人面龍身而無足。」
[二] 爾雅釋器。
[三] 毛詩載驅：「載驅薄薄，簟茀朱鞹。」

同而受福不同者，豈非以其時哉？且未濟之九四，即既濟之九三，觀未濟之志行在四，則知既濟之得時在三矣。繫辭云：「易之興也，其當殷之末世，周之盛德邪？當文王與紂之事邪？」孔穎達謂：「西鄰受福，指文王。」〔一〕後儒皆云西鄰指二，似非其象，且二稱婦，謂象文王可乎？文王聞崇德亂而伐之，軍三旬而不降。〔二〕「高宗伐鬼方，三年克之」，其事相類，又既濟乃坎之三世，九三爲世爻，故象傳謂之時，則西鄰指九三，又何疑？象言初吉終亂，則得時在内卦明甚。或云：受福指九五，五雖未至於窮，失其時矣，而云得時受福，有是理乎？

「未濟，亨。小狐汔濟，濡其尾，无攸利。」井：「汔至亦未繘井，羸其瓶，凶。」汔至、汔濟，皆指二爻。古文井作丼，中一點，瓶之象。丼二甕敝漏，羸之象也。至謂自上至下，自此至彼，説文一象地、一在下，爲至則至，非上達之名。未至下而瓶羸，猶未濟

〔一〕禮記注疏孔子閒居：「易曰：『東鄰殺牛，不如西鄰之禴祭，實受其福者。』東鄰謂紂，西鄰謂文王也。」
〔二〕左傳僖公十九年：「子魚言於宋公曰：『文王聞崇德亂而伐之，軍三旬而不降。』」

水而濡尾，坎爲狐，坎初稱小狐，猶漸初稱小子。井以及泉爲功，濟以登岸爲終，汲井未及泉，故曰「未有功」，濟水不登岸，故曰「不續終」。孟子曰：「有爲者譬若掘井，掘井九仞而不及泉，猶爲弃井也。」詩云：「无然畔援，无然歆羨，誕先登於岸。」[一]君子盈科而進，成章而達，故能及於泉。畔援既絶，歆羨不生，故能登於岸。「井谷射鮒」，而无盈科成章之美，焉能及於泉？「小狐濡尾」，而有畔援歆羨之心，焉能登於岸？君子觀井、濟卦辭，而悟修身之道焉。首象上，尾象初，初「濡尾」，上「濡首」，亦「不續終」之象也。虞仲翔謂：「否二之五，成未濟。」[二]「乾五之二，坤殺不行，故曰『不續終』。」[三]失之矣。天下豈有以不續終爲利者哉？或云：汔至汔濟，皆指五，亦失之。井五寒泉之冽，濟五暉吉之光，非丼之有功，濟之有終者乎？

「一陰一陽之謂道。繼之者善也，成之者性也。」「成性存存，道義之門。」道義者，性

[一] 毛詩皇矣。
[二] 周易集解：「虞翻曰：『否二之五也，柔得中，天地交，故亨，濟成也。六爻皆錯，故稱未濟也。』」
[三] 周易集解：「虞翻曰：『乾五之二，坤殺不行，故「不續終」也。』」

之德也；存存者，性之才也。於文，才子爲存，才，俗作才；存，俗作存。蓋才子則能繼故善，繼謂之孝，能繼則能成，能成則能存。繼之者善，成之者性，惟能存之，故能繼之、成之。孟子所謂「庶民去之，君子存之」〔一〕者，以此。不才子則不能繼，不能繼則不能成，不能成則不能存，孟子所謂「或相倍蓰而无算，不能盡其才」〔二〕者，以此。成性者，成己性，謂之仁；成物性，謂之知，皆性之德，故曰成性。然非繼之、存之，則不能成己性，又何以成物性？焉可謂之成性乎？成性，非本成之性，天命之，必待人成之。中庸言「盡誠」，能盡則能成，「惟天下至誠，爲能盡其性」。是爲成己性。「能盡其性，則能盡人之性，能盡人之性，則能盡物之性。」是爲成物性。苟非繼之者善，則人、物之性，安得成哉？道義之門，乾、坤之門也。於文，半門爲户，兩户爲門，故分乾、坤言之，曰户；合乾、坤言之，曰門。乾、坤之門，一陰一陽而已，一陰一陽之謂道，故曰：「道義之門」。舊説謂：繼之、成之皆在天，非在人之事。其説益多，其理益晦。中庸言盡己性、

〔一〕孟子離婁：「孟子曰：『人之所以異於禽獸者幾希，庶民去之，君子存之。』」
〔二〕孟子告子：「求則得之，舍則失之。或相倍蓰而無算者，不能盡其才者也。」

盡人性、盡物性，所以贊天地之化育〔一〕，即易所謂「繼之者」、「成之者」也。繼之、成之，正所以贊化育，安得謂在天非在人之事乎？又言成己成物者，性之德，中庸發明成性，如此其詳，學者不合而觀之，宜其蔽也。孟子言：「爲不善，非才之辠。」則繼善成性，乃才之功。言性不言才，則其說不備，吾故特揭之，以待後之學者。成性所以成人，其質既美，文以禮樂，所謂「道義之門」也。故曰：「立於禮，成於樂。」〔二〕

「觀鳥獸之文與地之宜。」地之宜者，周官大司徒：「辨五地之物生，一曰山林，動物宜毛，植物宜皂；二曰川澤，動物宜鱗，植物宜膏；三曰丘陵，動物宜羽，植物宜覈；四曰墳衍，動物宜介，植物宜莢；五曰原隰，動物宜贏，植物宜叢。」所謂「地之宜」者，其略如此。一作「天地之宜」者〔三〕，後人不知，而妄加之者也。吾聞有地宜，未聞有

〔一〕中庸：「唯天下至誠，爲能盡其性。能盡其性，則能盡人之性；能盡人之性，則能盡物之性；能盡物之性，則可以贊天地之化育；可以贊天地之化育，則可以與天地參矣。」

〔二〕論語述而：「子曰：興於詩，立於禮，成於樂。」

〔三〕通志、册府元龜、太平御覽、五禮通考等所引。

天宜。

大過取象棺槨。説者謂：「木在澤中。」〔一〕不葬於土而葬於澤，是佷子葬父也，恐无是理。又云：「取象於入而後説。」〔二〕亦非。葬者，藏也，何説之有？山上木爲高木，地中木爲生木，火上木、火下木爲爨木，澤上木爲虚木，地上木爲觀木，水上木爲行木，水下木爲汲木，澤下木爲滅木。虚木象舟虚，觀木象門闕，行木象舟行，汲木象汲井，滅木象棺槨。先儒謂大過有死象焉〔三〕，不取説爲義也。滅木爲死木，故有死象。

「善不積，不足以成名；惡不積，不足以滅身。」荀子言之詳矣，曰：「積微成大，月不如日，時不如月，歲不如時，是何也？小事之至也數，其縣日也博，其爲積也大；大事之至也希，其縣日也淺，其爲積也小。故善日者王，善時者霸，補漏者危，大荒者

〔一〕周易折中：「案棺槨者，取木在澤中也。又死者以土爲安，故入而後説之。」

〔二〕同上。

〔三〕周易集解引虞翻：「大過，死象。」

亡。財物貨寶以大爲重，政教功名反是，能積微者速成。詩曰：『德輶如毛，民鮮克舉。』積微之謂也。」[一]積微成顯，積隱成見，故曰：「莫見乎隱，莫顯乎微，君子慎獨。」[二]其積於獨乎？獨者，夜行之謂也，人所不見，故曰夜行。積善成名，惟夜行者能之。日積爲月，月積爲時，時積爲歲，此大禹所以惜寸陰，文王所以至於日中昃，不遑暇食，可謂能積微者矣。詩曰：「德輶如毛。」[三]蓋言善之小也，如毛之善，積成丘山，民鮮克舉，豈非以小善爲无益而弗爲哉？弗爲故弗克，能舉之故能積之。孳孳爲利者，積而成富；孳孳爲善者，積而成名。積善有餘慶，音羌。積不善有餘殃，故君子慎所積。

[一] 荀子彊國。
[二] 中庸：「莫見乎隱，莫顯乎微，故君子慎其獨也。」
[三] 毛詩烝民。

中外哲學典籍大全・中國哲學典籍卷

已出版書目

《讀禮疑圖》，〔明〕季本著，胡雨章點校。

《王制通論》《王制義按》，程大璋著，吕明烜點校。

《關氏易傳》《易數鈎隱圖》《删定易圖》，劉严點校。

《易説》，〔清〕惠士奇著，陳峴點校。

《易漢學新校注（附易例）》，〔清〕惠棟著，谷繼明校注。

《春秋尊王發微》，〔宋〕孫復著，趙金剛整理。

《春秋師説》，〔元〕黄澤著，〔元〕趙汸編，張立恩點校。

《宋元孝經學五種》，曾海軍點校。

《孝經集傳》，〔明〕黄道周撰，許卉、蔡傑、翟奎鳳點校。

《孝經鄭注疏》《孝經講義》，常達點校。

《孝經鄭氏注箋釋》，曹元弼著，宫志翀點校。

《孝經學》，曹元弼著，宫志翀點校。

《四書辨疑》，〔元〕陳天祥著，光潔點校。

《小心齋劄記》，〔明〕顧憲成著，李可心點校。

《太史公書義法》，孫德謙著，吴天宇點校。

《肇論新疏》，〔元〕文才著，夏德美點校。

《張九成集》，〔宋〕張九成著，李春穎點校。

更多典籍敬請期待……